Neo Atlantis
Neunkircherstraße 54
66583 Spiesen-Elversberg
Tel. 06821 8690-355
Fax 06821 8690-832
E-Mail: verlag@neo-atlantis.de
Besuchen Sie uns im Internet unter:
www.neo-atlantis.de

Deutsche Erstausgabe Januar 2012
Satz, Umschlaggestaltung: Stefan Sicurella
Gedruckt in Deutschland
ISBN: 978-3-940930-38-5

Birgit Lotz

Herr Emil und die Gartenbankgeschichten

oder

Immer noch Farbe zu sehen

Alles Gute für Dich

Edition Philosophischer Geist

NEO ATLANTIS

Über die Autorin

Birgit Lotz wurde 1961 in einem kleinen hessischen Ort geboren. Dort kam auch ihre Tochter zur Welt, die inzwischen erwachsen ist. Die Autorin war, bis sie ihre Aufmerksamkeit auf das Schreiben gerichtet hat, als Erzieherin tätig.

Ihr Anliegen war und ist es immer noch, den Menschen von Beginn an in seinen Bedürfnissen, Träumen und Visionen ernst zu nehmen.

Sie möchte mit ihren Texten dazu beitragen, dass der Leser in Eigenverantwortung zu einem Weg findet, auf dem er erkennen darf wer er ist und was ihn ausmacht. So lange, bis er sagen kann: „Das bin ich. Das ist mir wichtig."

Sie ist der festen Überzeugung, dass die Entfaltung des eigenen Potenzials in den Kinderschuhen beginnt. Sie möchte durch ihre Texte Hoffnung schenken. Hoffnung auf ein Leben in gegenseitiger Wertschätzung und Akzeptanz des Anderen, der verschiedenen Wünsche, Prioritäten und Lebensbilder.

Seit ihrer Kindheit hat sie den Gedanken der Möglichkeit eines friedlichen Zusammenlebens in sich getragen. Im späteren Dialog mit spirituellen Themen hat sie die ehrliche Auseinandersetzung mit sich gesucht. Während dieser Zeit hat sie das Schreiben wieder für sich entdeckt, was schon von Kind an ein großer Teil ihres persönlichen Ausdrucks war. Während ihre Werke entstanden sind, hat sie immer mehr zu dem Menschen gefunden, der sie jetzt ist. Heute lebt sie in bewusster Achtsamkeit und investiert einen großen Teil ihrer Zeit ins Schreiben.

Mit ihren Texten möchte sie dazu beitragen, dass der Leser das Licht in sich entdeckt und zu dem Glauben zurückfindet, dass er selbst es ist, der in der Lage ist seinem Leben eine positive Wende zu geben, um das in sich zu entdecken und zu leben, was ihn ausmacht.

Inhalt

Vorwort

Dieses Werk gehört zu einem meiner Wichtigsten. Es war die Voraussetzung für all das, was dem gefolgt ist und noch folgen wird.

In meiner ersten Fassung waren Herr Emil und Frau Emilie noch nicht anwesend. Es war zwar Farbe zu sehen, aber sie konnte noch niemandem zugeordnet werden.

Nachdem ich in der Zwischenzeit noch mehrere Werke begonnen und auch beendet hatte, hat mir jemand zu verstehen gegeben, nicht erkannt zu haben, wie wichtig mir das Schreiben ist. In diesem Augenblick erschien Herr Emil vor meinem geistigen Auge. Er hat mich an den Laptop gestupst, und solange hinter meinem Rücken gestanden, bis ich dieses Werk in einen Zusammenhang gebracht habe. Frau Emilie hatte sich auch sofort eingeklinkt. Sie wollte unbedingt dabei sein. Ich durfte erst wieder aufstehen, nachdem ich fertig war.

Daher ist es dir nun möglich ‚Von Herrn Emil und den Gartenbankgeschichten', oder auch ‚Immer noch Farbe zu sehen' zu lesen. Du darfst entscheiden, welcher Titel für dich relevant ist.

Herr Emil ist ein älterer Herr. Er nimmt sich Zeit für jeden, der zu ihm kommt. Meist brennt eine Frage in dem jeweiligen Gast.

Herr Emil weiß immer eine Geschichte zu dem entsprechenden Thema zu erzählen. Frau Emilie hält sich meist im Haus auf. Sie liebt die Ruhe und den Rückzug. Und sie liebt Herrn Emil.

Daher spielt sich der größte Teil des Geschehens auf der Gartenbank vor dem Häuschen der beiden ab. Es macht den Anschein, als stünde Herr Emils Geschichte auch immer mit den Geschichten seiner Besucher in Verbindung.

Herr Emil vermittelt auf eine anschauliche Art und Weise seine Philosophie. Der Kern jeder Erzählung ist die Anwesenheit der Liebe und das Erkennen des Wesentlichen. Die Bedeutung der Stille, als auch die

Achtsamkeit, als Voraussetzung allen Tuns. Und das Vertrauen. Das Vertrauen, das alles gut ist, so wie es im jeweiligen Moment ist. Denn jeder Augenblick, der folgt, birgt die Chance zur Veränderung.

Herr Emil vermeidet es, sich an der Schuldfrage festzuhalten. Er sieht in jeder Erkenntnis die Chance eines Neubeginns. Daher überlässt er jedem Besucher selbst, das aufzunehmen, was für ihn persönlich von Bedeutung ist.

Er sieht sich in der Rolle des Gastgebers und Geschichtenerzählers. Außerdem fühlt er sich für das Wohlergehen von Frau Emilie, und natürlich sein eigenes verantwortlich. Somit vertraut er automatisch auf die Größe seines Gegenübers.

Am Ende ist es Frau Emilie, die Herrn Emil eine Geschichte erzählt.

Von Herrn Emil und Frau Emilie

Es gab einmal einen Ort. Dort standen Häuser, die waren ganz bunt angemalt. An jedem Haus war über der Haustür mit großen Buchstaben etwas angeschrieben. Diese Buchstaben waren ganz aus Gold und wunderschön verziert. An einem Haus stand z.B.:

Hier leben Hans und Gretchen, die sich sehr lieben

Am nächsten stand geschrieben:

Wir danken für den Kindersegen. Möge auch anderen dieses große Glück beschert sein.

Dann gab es noch ein Haus mit den schönsten Blumen im Vorgarten, über dessen Tür konnte man lesen:

Mögen alle Menschen erblühen, wie die Blumen in unserem Garten.

Außerdem waren da noch Häuser, über deren Türen folgende Worte geschrieben standen:

Der Friede sei in mir und in dir
Mögest du immer um dein Licht wissen
Tritt ein, hier ist alles möglich
Vergiss die Freude nicht
Wer durch diese Tür tritt, findet den Schlüssel

So zog sich das durch den ganzen Ort. Irgendwie war alles ein bisschen geheimnisumwoben für jeden, der durch die Straßen spazierte. Alle, die dort wohnten oder zu Besuch kamen, fühlten sich wohl. Eine friedliche Atmosphäre war zu spüren.

In diesem Ort lebte auch Herr Emil. Herr Emil war ein älterer Herr, der die meiste Zeit damit verbrachte auf der Bank vor seinem Haus zu sitzen und nachzudenken. Oft lächelte er währenddessen vor sich hin. Manchmal schüttelte er auch den Kopf oder hatte eine kleine Träne in den Augen. Ein anderes Mal stützte er sich mit dem Kinn auf seinen Gehstock und fing laut an zu lachen. In diesen Augenblicken kam oft Frau Emilie mit zwei Tassen Tee aus dem Haus, gab eine davon Herrn Emil, setzte sich neben ihn und fragte: „An was denkst du, Emil?" Der schaute Emilie dann an und antwortete ihr mit einer neuen Frage: „Weißt du noch, Emilie?" Meistens nickte sie daraufhin mit dem Kopf und fing auch an zu lachen.

Wenn Menschen in den Ort kamen, die darum wissen wollten, warum alles so friedlich war, wurden sie meistens zu Herrn Emil und Frau Emilie geschickt. Die hatten für jeden eine Tasse Tee übrig. Geduldig antworteten sie immer wieder auf die selben Fragen.

Von Frau Isolde und der Sprache

Heute war wieder jemand zu Gast. Es war Frau Isolde. Frau Isolde hatte von dem Ort, an dem Herr Emil und Frau Emilie zu Hause waren, erfahren. Sie wusste nicht, dass er ganz in ihrer Nähe zu finden war. Zufällig hatte sie, während eines Gesprächs mit einer Nachbarin, von Herrn Emil und Frau Emilie erfahren. Frau Isolde war eine Dorflehrerin. In diesem Ort, in dem Frau Isolde lebte, gab es eine kleine Schule. Dort unterrichtete sie eine Schulklasse mit 25 Kindern. Weil sie in letzter Zeit so müde war, und es ihr fast schien, als hätten die Kinder jegliches Interesse und die Lust am Lernen verloren, wollte sie einmal mit Herrn Emil sprechen. Es hieß, wenn man von ihm käme, würde man oft eine Lösung finden.

So saß sie jetzt neben Herrn Emil und berichtete von ihren Sorgen. Herr Emil schaute sie an und stützte sich wie immer auf seinen Gehstock. Er dachte nach.

Nach einiger Zeit blickte er zu Frau Isolde und fragte sie: „Sag einmal. Wem hörst du in der Regel lieber zu? Sind es deine Worte oder sind es die deiner Schüler? Unterbrichst du sie, um das zu sagen, was für dich wichtig ist, oder nimmst du wahr, was sie dir mitteilen möchten, was in ihren Köpfen und Herzen eine Rolle spielt?" Er forderte keine Antwort von Frau Isolde. Er schaute ihr nur manchmal in die Augen, ob sie ihm noch zuhören wollte. Frau Isolde wollte es.

Trotzdem machte er jetzt eine kleine Pause, trank seinen Tee und bot ihr auch eine Tasse an. Beide saßen nun, schweigend, nebeneinander auf der Gartenbank.

Nach einer Zeit des Nachdenkens schaute er Frau Isolde wieder in die Augen, bevor er seine nächste Frage stellte. „Wie denkst du über deine Schüler? Denkst du sie groß oder klein? Benutzt du Worte der Ermutigung, oder benutzt du solche, die ihre innere Stimme zum Schweigen bringen?" Jetzt rollten Frau Isolde ein paar Tränen über die Wangen. Da legte Herr Emil seinen Arm um ihre Schultern, stellte seinen Gehstock zur Seite, zog sein Stofftaschentuch aus der Tasche und wischte ihr die Tränen damit weg. Er beugte sich zu ihr, während er folgende Worte sagte: „Ich wünsche dir, dass dir die verantwortlichen Menschen jemanden zur Seite stellen, damit du Zeit für all das hast, was dir so wichtig ist. Ich wünsche dir auch, dass du nicht zu viele Kinder auf einmal unterrichten brauchst. Denn wie soll das gehen, wenn doch so viele Fragen auf einmal gefragt werden?

Jetzt will ich dir aber gerne eine Geschichte erzählen. Lehne dich einfach zurück und höre mir zu."

Frau Isolde seufzte einmal tief, aber es ging ihr gut neben Herrn Emil. Sie spürte, dass sie in diesem Augenblick die ganze Last nicht alleine tragen musste. Sie fühlte sich verstanden und gut aufgehoben. Jetzt ahnte sie auch, warum alle von Herrn Emil und Frau Emilie sprachen.

Herr Emil nahm wieder seinen Gehstock und stützte sein Kinn darauf. Frau Isolde setzte sich so, dass sie jedes Wort verstehen konnte. „Herr Emil sagte: „Es ist die Geschichte von der Sprache, die ich dir gerne erzählen möchte." Dann richtete er seinen Blick in die Ferne und begann.

„Ich möchte dir etwas von der Sprache erzählen, Frau Isolde. Ich finde es wunderschön, mit ihr zu spielen. Mich haben Wörter schon immer fasziniert. Die Erfahrung hat mir gezeigt, dass Sprache eine unglaubliche Wirkung erzielt. Das fällt dir doch sicher auch immer wieder auf." Er lehnte sich zurück und schwieg für einen Moment. Schließlich beugte er sich wieder nach vorne und erzählte weiter.

„Doch nicht nur die Sprache als solche, es scheint auch sehr auf die Auswahl der einzelnen Wörter und deren Zusammensetzung in einen sinnvollen Satz anzukommen. Diese Erfahrung machst du doch sicherlich jeden Tag, Frau Isolde. Ich schließe daraus, dass man der Bedeutung und Konsequenzen seiner Sätze eine hohe Aufmerksamkeit zukommen lassen sollte, damit diese ihren bestmöglichen Einsatz bringen können. Die Konsequenz wäre folglich der bewusste Einsatz der Sprache. Du würdest das wahrscheinlich Achtsamkeit nennen, Frau Isolde."

Frau Isolde erwiderte nichts. Wahrscheinlich wollte sie einfach nur zuhören. Darum wartete Herr Emil auch gar nicht erst auf eine Antwort und sprach weiter.

„Weißt du, auf der Reise zu mir Selbst, als ich dem Chaos in mir begegnet bin, da habe ich Dinge gehört, die nicht gut tun können. Mich wundert, dass ich den Weg überhaupt bewältigt habe. Was wäre ich in diesem Augenblick ohne dich an meiner Seite? Wem sollte ich erzählen was ich erfahren habe, wenn du nicht wüsstest, um was es geht und mich verstehst? Glaube mir, Frau Isolde", Herr Emil atmete jetzt etwas schwerer, „auf meinem Weg bin ich Worten begegnet, die mich zum Weinen gebracht haben. Kaum, dass ich etwas Aufbauendes gehört hatte, kamen mir Sätze entgegen, die mich haben schrumpfen lassen. Würdest du nicht wissen, dass es mich gibt, hättest du mich nicht mehr erkennen können." Er machte eine kurze Pause. Tränen standen in seinen Augen, als er weiter sprach: „Jemand hatte mir mal erzählt, dass alles in mir ist, und somit alles möglich. Nichts ging mehr in diesem Augenblick. Das Schlimmste aber waren die Worte, die mich stumm werden ließen. Nichts mehr mit ‚In der Ruhe liegt die Kraft'. Ich war wie gelähmt. Kein Vorankommen."

Immer schwerer wurde sein Atem jetzt. Immer grausamer die Erinnerung. Frau Isolde sah ihm an, dass er nach Worten ringen musste. Schließlich fuhr er fort: „Jetzt überlege ich gerade, ob die Besitzer dieser Worte vielleicht nicht wissen, was sie damit anrichten. Sicherlich haben sie auch noch nichts von der Verbundenheit gehört. Sonst wüssten sie doch, dass das alles noch einmal bei ihnen ankommt. Sonst wüssten sie auch, dass das einen langen Weg nimmt, bis das mal alles durch ist, um wieder dahin zu kommen, wo es hingehört. Du musst es ihnen sagen, Frau Isolde. Sag es ihnen."

Herr Emil atmete ein paar Mal tief ein und aus, während er Frau Isolde anschaute.

Anschließend meinte er: „Du kennst doch das Schild ‚Alle Richtungen', und du weißt auch, wie im Kleinen, so im Großen. Genau dieses Schild hatte ich auch in mir entdeckt. Ich habe mich fürs Zentrum entschieden. Auf dem Weg dorthin haben mich allerlei Wörter ganz schön verwirren wollen. Fast hätte ich vergessen, wer ich bin und was ich kann, wenn ich da nicht der Hoffnung begegnet wäre. Um die Hoffnung standen Trauben von Menschen, deren Gesichter gestrahlt haben, und deren Körper mir überdimensional groß erschienen. Auf einmal sah ich einen Herrn Mut. Glaube mir, 88 Kinder habe ich an dessen Seite gezählt. Es hatte den Anschein, als müssten diese Menschen in ihrem ganzen Leben kein Fitnessstudio mehr besuchen.

Dann war da jemand, der nannte sich das Vertrauen. Jeder wollte ihm etwas Wichtiges erzählen und war voller Eifer bei der Sache. Er stand da wie eine Burg. Er redete nicht viel. Manchmal hörte ich nur so etwas wie ‚Das glaube ich dir', oder ‚Da hast du recht'. Meistens aber – ‚Ich vertraue dir. Ich weiß, dass du das kannst. Ich glaube an dich'."

Herr Emil legte seinen Gehstock zur Seite. Seine Augen strahlten in der Erinnerung an das Erlebte. Nach einer kurzen Pause meinte er:

„Solche Wörter scheinen eine unglaubliche Wirkung zu erzielen. Je näher ich meiner Mitte kam, desto aufrechter schienen die Menschen um mich herum. Ich hatte den Eindruck, je wohlwollender die Worte klangen und je freundlicher man miteinander umging, desto mehr Menschen eilten herbei, um ein paar dieser Worte zu erhaschen.

Am meisten faszinierte mich jedoch eine Dame, die sich die Fee der guten Wünsche nannte. Ich fühlte mich vom Zuhören ganz verzaubert. Hättest du dieses Strahlen in den Gesichtern gesehen. Dieses Verlangen nach ein paar guten Worten. Das Wissen um die Sehnsucht nach Wunscherfüllung und das Haschen nach dem Erkennen der Bedürfnisse. Wäre ich an die Reihe gekommen, Frau Isolde, ich hätte mir viele solcher Feen gewünscht. Vielleicht tust du es ja nun für mich."

Frau Isolde hielt ihr Gesicht mit den Händen verdeckt. Herr Emil legte seinen Arm um ihre Schultern und fragte sie: „Willst du die Geschichte noch zu Ende hören? Frau Isolde nickte. „Dann ist es gut", sprach er leise.

„Da war jemand, dessen Worte hat man weder gesehen noch gehört. Das darfst du mir jetzt glauben oder nicht, Frau Isolde. Er hat einfach nur da gesessen und auf seinen Knien die Worte der anderen aufgefangen. Ganz vorsichtig, damit keins verloren geht. Ein wenig seltsam hat er ausgesehen. Im Gegensatz zu den anderen hatte er erstaunlich große Ohren. Schön waren die, wunderschön. In meinem ganzen Leben habe ich noch nie so schöne Ohren gesehen. Ich wünsche jedem, dass er von Zeit zu Zeit so jemandem begegnet. In mir war ein gutes Gefühl, als ich meinen Weg fortsetzte.

Da sah ich ein Bild, das ich so schnell nicht vergessen werde. Vor mir saß eine Gestalt, die hatte einen Mantel an, dessen Enden so weit über den Boden reichten, dass unendlich viele Menschen darauf Platz hatten. In ihr waren so viele Worte, dass es für sie alleine viel zu viele waren. Sie purzelten nur so aus ihr heraus. Deshalb trug sie wohl auch den langen Mantel. So konnte sie jedes verloren gegangene Wort darin einfangen. Diese Worte fügten sich wiederum zu Geschichten zusammen. Es scheinen sich viele Menschen nach Geschichten zu sehnen. Vielleicht liegt es aber auch daran, welche Worte sie benutzte. Wahrscheinlich sogar.

Ich hatte den Eindruck, diese Menschen schienen während des Zuhörens wieder an Wunder zu glauben. Jetzt erzähle ich dir das, obwohl du das sicher auch alles weißt. Willst du mir trotzdem weiter zuhören?"

Frau Isolde nickte stumm. Herr Emil bewegte ein wenig seine Glieder, nahm seinen Gehstock wieder in die Hand und stützte sich darauf. „Kurz vorm Erreichen der Ruhe, zu deren Füßen ich mich setzte, kam die Liebe, die sich über alles stellte. Verstehst du, Frau Isolde? Ihre Arme haben bis zur Hoffnung gereicht. Dahinter war für sie kein Platz mehr. Jetzt denkst du sicherlich ich war angekommen und gut war's. Von wegen. Getragen von der Leere habe ich alles, was sich je an Worten in mir gesammelt hat, rausgeschmissen. Nichts, aber auch gar nichts mehr war in meinem Kopf. Völlige Leere.

Manchmal trifft man ja Menschen, die sich scheinbar an vieles nicht mehr erinnern können. Denen sagt man dann, sie seien vergesslich geworden. Dabei wollen die nicht mehr so viele unnötige Sachen im Kopf haben. Das spürst du doch auch sicherlich an deinen Schülern, Frau Isolde? Ich denke die haben auch alles raus geworfen, und nun fangen sie an zu sammeln. Jedoch bewusst und in höchster Aufmerksamkeit. Doch kommen wir zurück zur Leere, die in meinem Kopf war.

Ich wollte nachdenken was mir gut tut und welche Worte bei mir ein Zuhause finden. Stell dir vor, ich hätte meine Worte nicht mit Bedacht und in Achtsamkeit gewählt. Was wäre aus mir geworden, wenn sich so viele davon bei mir angesammelt hätten, dass ich sie verloren hätte? Was wäre dann gewesen? Darum genieße ich es nun, hier zu Füßen der Ruhe zu sitzen und nachzudenken.

Sag mal, kann es sein, dass du auch so große Ohren besitzt, Frau Isolde? Brauchst du deshalb gerade nichts zu sagen, weil du schon alles weißt und dich deswegen aufs Zuhören spezialisiert hast?

Dann sag ich dir jetzt noch etwas. Über allem steht die Liebe. Das ist wichtig. Das dürfen wir nie vergessen. Egal, was wir dem anderen sagen. Die Liebe muss dabei sein. Sonst geht irgendwann der Weg nicht weiter, oder er wird immer schwerer. Du weißt doch, was hinter der Hoffnung war. Da wird man stumm. Da fehlen einem die Worte."

Erschrocken blickte er Frau Isolde an und fragte sie: „Du bist doch nicht etwa stumm geworden? Sollte das der Fall sein, gehe einen Schritt weiter. Danach kommt die Hoffnung."

Plötzlich schüttelte er energisch mit dem Kopf. „Du kannst nicht stumm geworden sein, Frau Isolde. Dafür weißt du doch zu viel. Du bist die mit den wunderschönsten Ohren, die ich je gesehen habe. Da bin ich mir ganz sicher. Ich habe das Gefühl wir werden uns immer vertrauter, du und ich."

Herr Emil sah in Frau Isoldes weinendes Gesicht, bevor er sie fragte: „Kann es sein, dass wir uns gerade ganz nah sind? Ich vertraue dir, und es ist gut für mich zu wissen, dass es dich gibt. Wenn ich noch mehr gute Worte gesammelt habe, kann ich dir noch viel schönere Dinge erzählen. Bis dahin sollst du wissen, dass du nicht alleine bist. Wir stehen in Verbindung."

Anschließend tranken beide noch eine Tasse Tee und schwiegen miteinander. In diesem Augenblick schaute Frau Emilie aus dem Fenster und rief: „Das Essen ist fertig Emil!" Da stand Herr Emil auf, stützte sich auf seinen Gehstock und ging ins Haus. Frau Isolde reichte ihm die Hand und sagte: „Danke." Herr Emil nickte ihr zu meinte: „Gehen wir jeder auf unseren Platz."

Von Herrn Oskar und den Dingen

Ein paar Tage später saßen Herr Emil und Frau Emilie gemeinsam auf der Gartenbank. Sie liebten es dort zu sitzen. Heute gab es sogar frisches Gebäck zum Tee. Es waren Mürbeteigstücke mit Nüssen darauf, die mit Schokolade überzogen waren. Die liebte Herr Emil besonders. Und weil Frau Emilie Herrn Emil liebte, buk sie ihm dieses Gebäck besonders gerne.

Die Sonne schien und die ersten Veilchen blühten. Auf der Straße spielten Kinder. Plötzlich hielt ein Auto an. Es war voll bepackt mit diversen Artikeln. Man hätte meinen können, dass es jeden Augenblick auseinanderbrechen würde. Überall waren Beulen zu sehen. Die Scheibe zeigte einen Riss. Der Gepäckträger schien vollkommen überladen zu sein, und die Heckscheibe bestand nur noch aus einem einzigen kleinen Blickfeld. Die Fahrertür knarrte, während sie sich öffnete. Heraus kam ein völlig durchgeschwitzter Herr. Er hatte einen feuerroten Kopf. Beim Aussteigen fielen ein paar Gegenstände aus dem Auto, die lauthals zerschepperten. Frau Emilie stand auf. Sie wollte sich ein bisschen ausruhen. Sie ertrug die Lautstärke nicht mehr so gut. Darum gab sie Herrn Emil einen Kuss und verabschiedete sich. Herr Oskar ging zu Herrn Emil. So war der Name des Mannes, der der Besitzer des Autos war. Herr Emil lud ihn ein, neben sich auf der Gartenbank Platz zu nehmen.

Nachdem sich Herr Oskar gesetzt hatte, fragte ihn Herr Emil: „Warum fährst du so viel Ballast mit dir herum?" Herr Oskar schaute Herrn Emil mit großen Augen an. „Warum fragst du mich so etwas? Ich will für alle Eventualitäten gerüstet sein. Man kann nie wissen, was kommt. Wovon soll ich dann leben? Du hast doch gerade gesehen, wie mir schon wieder etwas kaputt gegangen ist." Herr Oskar schnaufte und wischte sich den Schweiß von der Stirn.

„Warum bist du hier?", fragte ihn Herr Emil. Jetzt stützte Herr Oskar seine Stirn auf die Hände. „Mir wird alles zu viel. Den ganzen Tag muss ich darauf aufpassen, dass mir niemand etwas aus meinem Wagen stiehlt. Ich kann mich kaum mehr von dem Auto fort bewegen. Meine Kinder bekomme ich so auch nur noch selten zu Gesicht. Meine Frau muss auf die Dinge im Haus achten. Sie hat auch keine Zeit. Es ist unmöglich, uns zu begegnen. Das Risiko wäre zu groß alles zu verlieren. Ich bin zu dir gekommen, weil ich wusste, dass ich von deiner Bank aus mein Auto im Blick habe. Das ist meine letzte Chance."

Herr Emil schüttelte ein wenig mit dem Kopf, leckte sich die Schokolade vom Finger und trank noch einen Schluck Tee. Schließlich stützte er sich wieder auf seinen Gehstock. Er sah auf den Boden, als er zu Herrn Oskar sagte: „Ich will dir eine Geschichte erzählen, während du dein Auto im Blick behältst. Sieh es mir nach, wenn ich mich währenddessen ein wenig zurücklehne und mir die Sonne ins Gesicht scheinen lasse."

Jetzt legte er den Gehstock aus der Hand, lehnte sich nach hinten und faltete seine Hände. Während er erzählte, hielt er seine Augen geschlossen.

Herr Oskar setzte sich aufrecht auf die Bank, sodass er zu jeder Zeit aufspringen konnte, falls ihm jemand etwas aus seinem Wagen entwenden würde.

Herr Emil atmete tief durch. „Hast du Zeit mitgebracht? Ich will dir gerne von den Dingen erzählen. Du weißt, was Dinge sind, Herr Oskar?" Während er ihn das fragte, blickte Herr Emil kurz zum Auto.

„Es sind Gegenstände, die man mal mehr und mal weniger braucht. Manchmal tun sie einem gut, weil es einen erfreut sie anzuschauen. Ein anderes Mal kriegt man ganz seltsame Gefühle beim Betrachten. Hin und wieder kommt es auch vor, dass man sich gar nicht an sie erinnern kann. Dann liegen sie irgendwo herum und haben für niemanden eine Bedeutung. Meiner Meinung nach sind die schlimmsten Dinge die, die man kauft, bevor man über sie nachgedacht hat. Mit ihnen besteht oft überhaupt keine Chance Freund zu werden. Jemanden zum Freund zu haben, heißt doch, ihn zuerst kennenzulernen. Hat man sich dann für die Freundschaft entschieden, besteht auch die Chance ihn zu lieben.

So habe ich es erfahren. So war es auch bei Frau Emilie und mir."

Herr Emil schwieg für eine Weile. Nach einer Zeit der Stille sagte er:

„Kennst du all die Dinge aus deinem Wagen, Herr Oskar?"

Herr Oskar gab Herrn Emil keine Antwort. Herr Emil schaute ihm daraufhin tief in die Augen, um zu erfahren, ob Herr Oskar die Geschichte wirklich hören wollte. Er wollte es. Also fuhr er fort.

„So fragte ich mich wie das wohl mit den Dingen sei, die man nie beobachtet hat, bevor sie einem vertraut geworden sind? Ich hatte keine Antwort, sollte es selbst herausfinden."

Jetzt drehte er sich zu Herrn Oskar um. „Kennst du dich mit Sachen aus, die einem eigentlich nie gehört haben, Herr Oskar? Die man aufbewahrt, weil eine Erinnerung an einen Menschen damit verbunden ist, oder weil ein anderer sie nicht mehr benötigt? Die man allerdings nur loslassen kann, sobald man die Gewissheit hat sie an einem anderen Ort zu wissen. Dann sind da noch die vererbten Sachen. Von denen traut man sich gar nicht sich zu trennen. Man hat das Gefühl die Seele des Verstorbenen zu verletzen, ihn in seinen Interessen und Wertigkeiten nicht ernst zu nehmen. Ach ja. Dinge, die man mal gebrauchen könnte, falls ...! Nichts mit Vertrauen. Wir glauben an den Mangel.

Ganz zu schweigen von den Geschenken. Die sollten auf jeden Fall aufbewahrt werden. Was nutzt jedes offene Gespräch über Wertigkeiten und eigene Bedürfnisse? Außerdem wird der Herausgeber dieser Gaben sich doch etwas dabei gedacht haben. Also, herein mit dem Zeug.

Kennst du auch all die gesammelten Lebenswerke, Herr Oskar? Unterlagen von Häusern, die man nicht mehr besitzt, oder Konzepte, die man mal unter schwerster Konzentration erarbeitet hat? Niemand fragt mehr nach ihnen, weil es Menschen gibt, die den Wandel der Zeit erkannt haben, und sich bei deinen Sachen der Kreis geschlossen hat.

Bewahre sie auf. Es könnte ja sein, dass ...!

Fast hätte ich vergessen, die Dinge im täglichen Gebrauch zu erwähnen, die im ganzen Haus verteilt sind, aber aus Überzeugung keine Verwendung finden. Z.B. Cremes, Tees, unbrauchbare Töpfe, Bücher, die nie gelesen werden, Kleider und Schuhe, die zu schön zum Anziehen sind. Eben allerlei Zeug, das irgendwann einmal Einlass ins Haus gefunden hat. Die Erfahrung hat gezeigt, dass es am Besten ist, ihnen keinerlei Beachtung zukommen zu lassen und ihnen auf ewig einen festen Platz an deiner Seite zu gewähren"

Herrn Oskar stand der Schweiß auf der Stirn. Da fragte ihn Herr Emil: „Willst du lieber wieder zu deinem Auto gehen?" Doch Herr Oskar murmelte: „Sprich weiter." Das tat Herr Emil dann auch.

„Wenn man wirklich aus tiefstem Herzen bereit ist, diesen Ballast sein Eigen zu nennen, hat man die größte Chance niemals etwas bei sich aufzunehmen, was für das ganz persönliche Leben von Bedeutung ist. Man braucht sich weder auf das Wesentliche zu konzentrieren, noch muss man sich für etwas entscheiden. Der einzige Nachteil ist vielleicht, dass man nie diese Leere erfahren durfte, die man aber wahrscheinlich auch gar nicht vermissen wird, weil man nicht weiß, dass es sie gibt. Soweit die Sache mit den Dingen, Herr Oskar.

Weil du das alles schon weißt, musst du nicht erst immer durch das große Chaos gehen, bis du auf die Leere triffst und dich zu Füßen der Ruhe niederlassen darfst. Wie ich dir erzählt habe, bin ich nicht so weise auf die Welt gekommen. Ich wollte gerne alles selbst ausprobieren und meine eigenen Erfahrungen machen."

Jetzt schaute Herr Emil genau in die Richtung, in der Herr Oskars Auto stand, und sagte: „Du wirst jetzt sicher sagen, dass dieser Weg mit Sicherheit zeitweise zu einem großen Chaos in mir geführt hat. Du hast recht. Es ist gerade wieder da, das Chaos. Stell dir mal vor. Mittendrin, in mir, so ein Durcheinander. So viele Dinge, die ich nie beachtet habe, die gar nicht mehr zu mir gehören, die ich nie gewollt habe, von denen ich überhaupt nichts mehr weiß, die mir nichts bedeuten, die nie einen Wert für mich hatten, die noch nicht einmal etwas mit mir zu tun haben. Wie soll man da durchkommen, bis man diese Leere erreicht, von der du ja schon weißt? Wie sonst könntest du solche Angst vor dem Verlust deiner Sachen haben, dass du sogar die Begegnung mit deiner Frau scheust?

Und jetzt, wo ich gehört habe, dass es sie gibt. Die Sehnsucht war es, die mich den ersten Schritt hat machen lassen. Die Sehnsucht nach dem, was du schon erfahren hast. Außerdem ist es doch gut, ein gemeinsames Thema zu haben. Das verbindet.

Verbunden sind wir ja sowieso. Folglich bin ich in eigener Verantwortung den ersten Schritt gegangen. Jeder Weg beginnt mit dem ersten Schritt."

Herr Emil blickte in die Ferne, als würde er einen alten Film anschauen. Mit diesem Blick fuhr er fort die Geschichte zu erzählen. „Schon bin ich wieder mittendrin. Ich darf vertrauen, dass es gut geht, weil ich dich kenne und soviel von dir erfahren habe. Der Weg ist schwer. So voll bepackt fällt einem das Atmen schwer, der Rücken tut weh und die Füße schmerzen. Wer hier noch in der Lage ist von Leichtigkeit zu sprechen, darf es mir gerne vormachen. Ich hatte mich entschieden zu gehen. Es gab kein Zurück. Das Abenteuer durfte beginnen.

Auf meinem Weg bin ich einem Baum begegnet. Der stand da, ohne Blätter und ohne Früchte, und das auch noch mitten im Winter. Ich fragte ihn: „Hast du keine Angst vor der langen Dunkelheit, warum hast du deine Blätter nicht festgehalten, wenigstens die?" Der Baum antwortete mir: „Ich stehe nun schon so lange hier. Glaube mir, nach jedem Winter kommt der Frühling. Ich fürchte mich nicht. Ich lasse gerne los, dann kann ich die Kälte mit mehr Leichtigkeit ertragen. Ich vertraue darauf, dass auch dieser Winter vorübergeht. Setze dich ein wenig nieder und ruhe dich bei mir aus. Du darfst gerne etwas von deinem Gepäck hier lassen, wenn du es nicht mehr brauchst."

Das habe ich dann schließlich auch getan. Das Ausruhen hat mir gut getan. Von was aber sollte ich mich trennen? Der Rucksack? Ich konnte mich nicht einmal mehr daran erinnern, was ich hineingepackt hatte. Also ließ ich ihn stehen, bedankte mich bei dem Baum und ging weiter.

Da sah ich einen Vogel, der saß auf einem Zweig und sang. Ich fragte ihn: „Wo hast du gelernt so schön zu singen?" Er antwortete mir: „Das haben mich meine Eltern gelehrt. Sie haben mir, solange ich im Nest gesessen habe, jeden Abend aus einem Buch Lieder vorgesungen." Daraufhin fragte ich ihn: „Darf ich dieses Buch mal sehen?" Seine Antwort war: „Das gibt es nicht mehr. Wie hätte ich fliegen lernen sollen mit einem Buch im Schnabel? Du aber hast so schwer zu tragen und siehst müde aus. Lege dich ruhig hier nieder. Ich singe dich in den Schlaf. Wenn du morgen in der Frühe wach wirst, bin ich schon weiter geflogen. Lass ruhig von deinem Gepäck hier, dann hast du es nicht so schwer." Ich bedankte mich bei ihm und bin auch gleich eingeschlafen.

Am nächsten Morgen war der Vogel fort. Ich habe überlegt, was ich zurücklassen könnte. Da erinnerte ich mich daran, was mir der Vogel erzählt hatte, und habe alle Erinnerungen unter den Zweig gelegt. So bin ich meinen Weg weitergegangen.

Stell dir vor, Herr Oskar: Da stand doch tatsächlich der Verstand vor mir und hat mich zur Rast gezwungen. Er stellte sich vor mich und meinte: „Willst du nicht mal Pause machen? Dein Weg ist weit. Da braucht man viel Energie. Setz dich und iss etwas." Also holte ich Brot und Äpfel aus meiner Jackentasche. Ich habe alles verzehrt. Es hat herrlich geschmeckt. Nun musste ich noch nicht mal mehr die tragen.

Von Weitem habe ich sie schon kommen sehen. Meine alte Freundin. Die Liebe. Sie stand da mit ausgebreiteten Armen. Ich wollte ihr entgegenlaufen, doch es ging nicht. Ich hielt immer noch in jeder Hand eine Tasche und hatte kaum mehr Kraft. Sie rief mir zu: „Erinnere dich!"

In Gedanken bin ich den ganzen Weg zurückgegangen und wieder nach vorne. Mit der Gewissheit, nicht eine Sache aus diesen beiden

Taschen zu lieben, habe ich sie auf dem Boden abgestellt. Wie von Zauberhand ist die Leichtigkeit vor mir erschienen und hat mich zum Tanz eingeladen. Die Liebe war natürlich auch dabei. Und dann habe ich sie gesehen. Sie war unglaublich schön. In ihr war alles möglich und ohne sie ging nichts. Sie war das Geheimnis, aus dem alle Dinge geschehen können. Zeitweise hatte sich bei mir alles gedreht, weil ich es kaum aushalten konnte. Es ist mir nicht weiter möglich, sie zu beschreiben. Man muss sie selbst sehen und spüren. Wer sich auf den Weg macht, wird viele Wunder erleben. Ich kann wohl nicht versprechen, dass der Weg leicht ist. Ich weiß auch nicht, wer oder was dir begegnen wird. Es erfüllt mich allerdings mit Freude, dir sagen zu können, dass es sich, lohnt den ersten Schritt zu gehen.

Nun brauche ich aber Zeit, um in Ruhe nachdenken zu können, mit welchen Dingen ich mich zukünftig umgeben möchte. Die Liebe und der Verstand haben mir versprochen an meiner Seite zu bleiben, in höchster Achtsamkeit. Ich bin den Beiden zu tiefstem Dank verpflichtet. Weil du das alles schon vor mir wusstest, lade ich dich ein an meiner Freude teilzuhaben."

Herr Emil nahm Herrn Oskar in den Arm. Der blieb noch eine Weile sitzen. „Ich danke dir, Herr Emil."

„Es war mir eine Freude", erwiderte der. „Jetzt will ich aber ins Haus gehen. Es wird kühl. Frau Emilie wartet sicher schon auf mich. Bleibe du ruhig noch eine Weile sitzen." Herr Emil stand auf, stützte sich auf seinen Gehstock und ging ins Haus.

Von Herrn Rudolph und der Erkenntnis der Verbundenheit

Der Himmel war grau. Überall zeigten sich dichte Wolken. Der Tag wollte nicht richtig hell werden. Herrn Emil taten die Knochen weh. Er spürte sie immer, wenn das Wetter eine Wende nahm. Trotzdem wollte er nicht im Haus bleiben. Wenigstens solange der Regen noch nicht einsetzte. Er liebte es, auf die Blumen zu schauen und den Vögeln zu lauschen. Auf seinen Gehstock gestützt, ging er den Weg entlang, in Richtung der Gartenbank. „Da bist du ja, Herr Emil“, rief ein Nachbar. „Ich dachte schon, es würde dir heute nicht so gut gehen.“ Herr Emil wendete sich dem Nachbarn zu und grüßte ihn freundlich. Anschließend setzte er sich auf die Bank. Frau Emilie kam mit einer Decke nach draußen. Sie setzte sich neben Herrn Emil und deckte ihre und seine Beine zu.

Auf einmal musste Herr Emil laut lachen. Er schaute Frau Emilie an, die jetzt auch anfing zu lachen. Sie nickte dabei mit dem Kopf und sagte: „Ich weiß es noch.“

In diesem Moment hielt der Wagen des Metzgers an. Er brachte Herrn Emil und Frau Emilie einmal in der Woche ein Wurst- und Fleischpaket. Frau Emilie hatte das Geld schon in ihrer Schürze. Sie gab es dem Metzger und brachte die Sachen ins Haus.

Herr Rudolph, so hieß der Metzger, blieb vor Herrn Emil stehen. „Stimmt etwas nicht?“, fragte der. Da setzte sich Herr Rudolph neben Herrn Emil auf die Gartenbank. Er wusste nicht, wie er beginnen sollte. Schließlich sagte er: „Herr Emil, in mir nagt schon seit geraumer Zeit ein komisches Gefühl. Ich habe meine Arbeit immer gerne getan. Aber immer mehr Menschen wollen immer mehr Fleisch und Wurst essen. Seit einigen Jahren kaufe ich mein Fleisch nun schon von einem Betrieb, der so viele Tiere hat, dass er keins mehr mit Namen kennt. Kann das gut sein?“

Herr Emil sah Herrn Rudolph an. „Ist es an einer Stelle nicht mehr gut für dich, kann das, was du tust dann noch gut für die anderen sein?"

Herr Rudolph fragte Herrn Emil, ob er ein Stück von der Decke haben könne, ihm sei mit einem Mal so kalt. Da gab ihm Herr Emil die ganze Decke. Frau Emilie hatte das wohl aus dem Küchenfenster mit angesehen, denn sie kam mit einer zweiten Decke nach draußen. Auf einem Tablett hatte sie zwei Tassen heißen Tee stehen. Nachdem sie alles abgestellt hatte, ging sie wieder ins Haus zurück.

„Darf ich dir eine Geschichte erzählen?" Fragend schaute Herr Emil zu Herrn Rudolph. Der nahm eine Tasse in seine Hand und nickte. Herr Emil trank ebenso zuerst noch einen Schluck Tee, zog die Decke zurecht und platzierte seine Hände auf dem Gehstock.

„Sobald du anfängst mir zuzuhören, bist du schon mittendrin, Herr Rudolph. In der Mitte, heißt im Zentrum zu sein. Gehen wir davon aus, du bist das Zentrum deiner Welt. Folglich bist du in dir. Bin ich dann auch in mir, oder du in mir und ich in dir? Gehen wir mal davon aus, dass alles miteinander verbunden ist. Folglich kennen wir uns auf jeden Fall. Wir hatten oder haben zumindest etwas miteinander zu tun. Stellen wir uns jetzt vor, du wirkst auf mich und ich auf dich. Nur mal angenommen, wir wären uns noch nie begegnet, obwohl du in mir und ich in dir bin. Nur mal angenommen.

Dann müsste ich nach dieser Erkenntnis doch ganz schön auf mich aufpassen. Verstehst du? Automatisch würde ich dann die Verantwortung für dich mittragen, und du für mich, und jeder von uns für jedes Wesen. Für jeden Menschen, jede Pflanze und jedes Tier."

Herr Emil schaute vorsichtig zu Herrn Rudolph. Der signalisierte ihm, dass er noch bereit war zuzuhören. Darum fuhr er fort. „Jetzt denke mal nach. Sind wir zwei alleine auf der Welt?" Herr Emil legte den Gehstock zur Seite, nahm einen Schluck Tee und rieb sich über seinen Bauch, bevor er die Geschichte weiter erzählte: „Oh je, im Moment fühle ich mich wie nach einer schweren Mahlzeit. In mir herrscht nun ein wirklich großes Chaos. Geht's dir genauso?" Herr Rudolph nickte.

Wie meistens, wenn sich Herr Emil seine Geschichten dachte, blickte er nun wieder in die Ferne, als würde er in diesem Augenblick alles noch einmal, oder ganz neu erleben.

„Warte mal. Ich versuche mich gerade in der Menge wieder zu finden. Geschafft! Mittendrin im Getümmel. Das war anstrengend. Ein einziges Gerangel. Keine Einigkeit. Bösartige Worte, Hektik, Stress, Traurigkeit, Wut.

Gott sei Dank. Das habe ich auch gehört. Das Lachen, die Freude und die Liebe. Die Liebe hat mich tief berührt, wenn ich sie gespürt habe. Als ich auf das Mitgefühl getroffen bin, da war's ganz leise um mich herum. Eine seltsame Stimmung. Wärst du nicht gerade hier, um mir zuzuhören, hätte ich dort ein wenig länger verweilt. Fast schien es mir, als hätten die Menschen dort schon etwas von unserem Geheimnis erfahren.

Die Traurigkeit hat mich beinahe ertrinken lassen. Und die Angst. Es war fast kein Weiterkommen möglich. Da stand auf einmal die Liebe hinter mir. Sie hat mir in die Augen geschaut. Da habe ich sie erkannt. Sie braucht dich nur anzuschauen und dann weißt du, dass ohne sie gar nichts geht. Ich hab's gesehen, glaube mir. Egal was du tust, sie muss deine Begleiterin sein.

Ich habe sie gebeten, mir den Weg zu zeigen. Sie ist vorangegangen. Vielleicht hast du ja auch etwas bei dir gespürt, als das passiert ist. Vielleicht hast du es in dem Augenblick gespürt, als du dir die Frage gestellt hast, Herr Rudolph." Während Herr Emil das sagte, legte er seinen Arm um dessen Schultern und fuhr fort.

„Auf einmal hat sich alles gewandelt. Mir ist das Herz ganz weit geworden. Als wir dann noch der Freude begegnet sind, musste ich einige Male tief durchatmen. Da hätte ich dich am liebsten direkt an meiner Seite gehabt. Das war fast zu viel für mich. Doch zum Glück sind wir auch noch zur Ruhe gekommen. Ich spüre sie jetzt noch in mir. Da habe ich mich ganz stark gefühlt. Ich durfte mich zu ihren Füßen setzen und habe mir mal alles von Weitem angeschaut.

Zu Füßen der Ruhe habe ich die Leere um mich herum wahrgenommen. Sie hatte keine Gestalt. Ich durfte sie nur spüren.

Plötzlich hatte ich das Gefühl des Angekommenseins. Mir blieb nichts anderes übrig, als mit meiner ganzen Aufmerksamkeit bei mir zu bleiben. So war ich nun ganz und gar vereint mit der Ruhe, der Freude und der Liebe, getragen von der großen Leere, der natürlich meine größte Bewunderung gebührt. Solch eine Wirkung zu erzielen, trotz Gestaltlosigkeit, einfach nur sein, das grenzt schon fast an Magie." Herr Emil blickte flehend zu Herrn Rudolph, als er ihn erneut ansprach.

„Irgendetwas muss mich doch auch ausmachen in den Massen, Herr Rudolph. Wie schaffe ich es also, zumindest am Ende eines Tages sagen zu können: Der jetzt mit mir zur Ruhe kommt, ist derselbe, der heute morgen mit mir aufgestanden ist? Und er ist gut so, wie er ist, weil er da ist."

Herr Emil blickt versonnen auf seine Füße. „Denkst du auch manchmal, ein anderer hat die Macht über dich, deine Gedanken, deine Taten und deine Worte? Glaube mir, Herr Rudolph, nach der Erkenntnis der Verbundenheit, die durchaus eine gute Erfindung bei optimaler Nutzung sein kann, stellt dies für mich die einzig vernünftige Erklärung für das Chaos um mich herum dar. Bis du dich von der großen Leere getragen fühlst, kann es mitunter ein Kampf sein. Kann.

Der ein oder andere kommt mit diesem Wissen schon auf die Welt. Ich allerdings musste es mir schwer erkämpfen. Zumindest habe ich einige Lenze gezählt, bis mir die Vorteile des Loslassens klar geworden sind. Und glaube mir, ich bin immer noch auf dem Weg.

„Sag mal", jetzt schaute Herr Emil Herrn Rudolph eindringlich an. „Kann es sein, dass du mir etwas vorgemacht hast, und das schon alles vor mir wusstest? Sitzt du jetzt neben mir, weil ich vor lauter Selbsterkenntnis nicht weiß wohin mit den vielen neuen Worten? Hast du darum gewusst, dass ich in eigener Verantwortung diesen langen Weg gehen sollte? Darf ich dich umarmen und dir Danke sagen?" Jetzt weinte Herr Rudolph. Er blieb eine ganze Weile in Herrn Emils Armen liegen. Der ließ das zu und weinte mit ihm.

Nach einiger Zeit holte er sein Stofftaschentuch hervor und schnäuzte sich kräftig. Herr Rudolph hatte sein eigenes dabei. „Erzähl bitte weiter, Herr Emil." Der machte das dann auch.

„Weißt du, Herr Rudolph. Einige von uns sind sich dieser Tatsache nicht bewusst. Vielleicht sind sie der Liebe, die jedem Tun innewohnen sollte noch nicht begegnet. Könnte es sogar sein, dass sie die Freude, die direkt aus dem Herzen kommt, überhaupt noch nicht kennengelernt haben? Lass sie wenigstens zur Ruhe gekommen sein." Herr Emil wartete nicht auf eine Antwort von Herrn Rudolph. Er sprach einfach weiter. Und Herr Rudolph wollte auch nicht antworten.

„Auch das nicht?", beantwortete Herr Emil stattdessen nun seine eigene Frage. „Dann durften sie nie die wohltuende Leere kennenlernen? Hat ihnen die Liebe nie die Augen geöffnet? Kannst du dir vorstellen, sie würden all ihre Entscheidungen so getroffen haben? Mit diesem Wissen? Sag mir bitte die Wahrheit." Doch bevor Herr Rudolph irgendetwas sagen konnte, erzählte Herr Emil weiter.

„Weißt du was? Jetzt wo wir wissen, dass wir nicht nur für uns alleine die Verantwortung tragen, dass alles Tun und Denken Auswirkungen auf unseren ganzen Planeten hat – in größeren Dimensionen will ich gar nicht erst denken – müssen wir beide gut überlegen, wie wir uns zukünftig verhalten möchten. Stimmst du mir zu, dass das Auswirkungen haben wird? So etwas will gut durchdacht sein. Solch ein verantwortliches Dasein bedarf intensiver Überlegungen und Zeit für die Auswahl der Entscheidungen. Außerdem will das Denken, das jedem Handeln vorausgeht, unter höchster Achtsamkeit geschehen. Welch große Aufgabe!

Folglich sollten wir zuerst eine innere Ordnung schaffen, um uns anschließend strukturieren zu können. Es bleibt uns wohl nichts anderes übrig, als Platz zu schaffen. Neue Gedanken brauchen Raum.

Diese Leere. Und diese unglaubliche Ruhe. Ganz bei mir selbst sein." Herr Emil nahm beide Hände von Herrn Rudolph in die seinen. Er schien in diesem Augenblick um Jahre jünger, als er mit glänzenden Augen weiter auf Herrn Rudolph einsprach. „Wir dürfen auch nicht vergessen, die Freude und die Liebe mit ins Boot zu nehmen. Ohne die geht nichts. Gar nichts. Schon sind wir ein Team. Na, wenn das mit diesen Mitarbeitern nichts wird."

Jetzt sah Herr Rudolph zu Herrn Emil. „Darf ich dir eine Frage stellen? Denkst du, wir sind so in der Lage die Welt zu verändern?" Herr Emil schaute Herrn Rudolph in die Augen, bevor er ihm antwortete. Und Herr Rudolph ließ sich in die Augen schauen.

„Wenn du so mit dir umgehst, dass du sagen kannst. Jetzt ist es gut, dann ist alles gut. Beginne mit dir, und sei dir bewusst, dass die Verbundenheit bis zum letzten Lebewesen spürbar ist. Dann bist du in der Lage dir die Antwort auf deine Frage selbst zu geben. Dann weißt du, was zu tun ist."

Jetzt kam Frau Emilie wieder aus dem Haus. Sie nahm die Decken und legte sie zusammen. Inzwischen hatten sich die Wolken verzogen und die Sonne wärmte Herrn Emils Knochen. In der Hand hielt sie einen Zettel. Den überreichte sie Herrn Rudolph, bevor sie fragte, ob es nun bald gut sei, weil das Mittagessen schon fertig sei. Auf dem Zettel standen die folgenden Worte des Dalai Lama.

Auch wenn der Versuch schwierig sein mag,
den Weltfrieden durch innere Wandlung
der einzelnen Menschen herbeizuführen,
es ist der einzige Weg.

Herr Rudolf sagte leise: „Ich denk, ich hab's verstanden."

Daraufhin legte Herr Emil wieder die Hände um dessen Schultern und meinte: „Besinnen wir uns auf uns, also du auf dich und ich auf mich. Gehen wir davon aus, ich gehe so mit mir um, dass es mir gut geht. Mal angenommen ich finde das Wesentliche in mir. Wenn ich diesen Gedanken weiter denke, könnte ich mir vorstellen, dass ich nicht mehr alles zulasse und durch Bewusstheit entscheide, wie mein Handeln aussieht. Nur mal angenommen, die Liebe und Freude bleiben an meiner Seite und die Ruhe gewährt mir einen Platz, sodass ich die Aufmerksamkeit für das Wesentliche nicht verliere. Wir beide stehen logischerweise ja sowieso in Verbindung. Das hat Konsequenzen. Für mich, für dich und ...

Bist du dabei?"

Herr Rudolph stand auf, bedankte sich bei Herrn Emil und rief noch, bevor er die Autotür zuschlug: „Gerne, Herr Emil. Sehr gerne sogar!" Frau Emilie nahm die Hand von Herrn Emil in die ihre und sagte: „Nun komm schon. Das Essen wird sonst kalt."

Von Frau Ursel und den Farben

Inzwischen war es schon Sommer geworden. Herr Emil und Frau Emilie hatten den Schirm vor der Gartenbank aufgespannt. Sie vertrugen die pralle Sonne nicht. Beide saßen gemütlich beieinander und aßen Obstsalat. Den liebten sie. Über dem Obstsalat war Vanillesoße. Frau Emilie hatte sie schon gestern gekocht, damit sie schön kühl war, wenn sie diese über dem Obst verteilte. Herr Emil liebte das. An besonderen Tagen gab es sogar noch eine Kugel Eis mit einer frischgebackenen Waffel dazu. Heute war ein besonderer Tag, weil die beiden entschieden hatten, dass dies ein besonderer Tag sein sollte. So genossen Herr Emil und Frau Emilie diesen schönen Sommertag.

Kaum, dass sie mit dem Essen fertig waren, sahen sie eine junge Frau. Ihr Blick war auf den Boden gerichtet. Ein Lächeln suchte man vergebens in ihrem Gesicht. Langsam setzte sie Schritt vor Schritt. Ihre Augen schienen leer.

Frau Emilie nahm das Geschirr, gab Herrn Emil einen Kuss und ging ins Haus. Sie wollte diese traurigen Blicke nicht mehr sehen. Die vielen Fragen nicht mehr hören. Sie wollte, dass es Herrn Emil und ihr gut ging. Darum zog sie sich zurück, um ihren täglichen Mittagsschlaf zu machen.

„Komm und setze dich zu mir. Neben mir ist noch Platz." Frau Ursel sagte leise: „Danke." Sie kam öfter zu Herrn Emil, um eine Geschichte von ihm zu hören. Manchmal brachte sie ihre beiden Kinder mit. Die liebten es, bei Herrn Emil und Frau Emilie im Garten zu spielen. Frau Emilie brachte ihnen dann meistens noch Papier und Stifte. Und wenn sie früh genug wusste, dass Frau Ursel mit ihren Kindern kam, buk sie sogar das leckere Mürbegebäck mit den Nüssen und der Schokolade darauf. An den Tagen, an denen die Kinder mitkamen, blieb Frau Emilie manchmal sogar im Garten.

Heute war Frau Ursel allerdings ohne ihre Kinder da. Es ging ihr nicht so gut. Irgendwie sah sie weder einen Anfang noch ein Ende. In ihrem Kopf drehte sich alles. Sie hoffte, dass Herr Emil ihr helfen konnte, alles ein wenig zur Ruhe zu bringen, damit sie wieder besser denken konnte. Sie hatte noch nicht mal mehr eine Frage.

Herr Emil musste ihr das angesehen haben. Er schaute zu ihr und sagte: „Mir ist gerade etwas im Kopf herum gegangen, was ich Frau Emilie gerne sagen wollte. Frau Emilie will allerdings zuerst ihren Mittagsschlaf halten. Was hältst du davon, wenn ich währenddessen dir die Geschichte erzähle?“ Frau Ursel lehnte sich an Herrn Emil und erwiderte: „Gerne.“

Herr Emil nahm sein Wasserglas und trank einen Schluck daraus. Im Sommer tranken Herr Emil und Frau Emilie immer Wasser. Das war angenehm kühl und klar. Frau Ursel wollte nichts trinken. Sie wollte einfach nur Herrn Emil zuhören. Der rückte seinen Gehstock zurecht, stützte die Hände und das Kinn darauf und blickte in die Ferne.

„Es gibt so vieles, von dem ich dir gerne berichten würde, Frau Ursel. Ich habe überlegt, und mich heute dazu entschlossen, dir etwas über Farben zu erzählen. Willst du die Geschichte hören?“ Frau Ursel nickte. Daraufhin fragte sie Herr Emil: „Hast du dir schon einmal Gedanken gemacht, welche Bedeutung Farben für dich haben?“ Im gleichen Atemzug erzählte er allerdings weiter. Selbst wenn Frau Ursel gewollt hätte, es wäre ihr unmöglich gewesen zu antworten.

„Wie kann ich dich so etwas nur fragen? Wahrscheinlich bist du in der Lage mir mehr darüber zu erzählen, als ich es jemals könnte. Wenn ich an die bunten Kleider deiner Kinder denke. Da ich immer noch voraussetze, dass du die mit den großen Ohren bist, und ich derjenige, der gerne alles selbst erfahren möchte, erzähle ich dir von meinen Erkenntnissen, und natürlich auch von meinen Erlebnissen. Du weißt, dass in mir drin, wenn mich das große Chaos besucht und ein riesiges Durcheinander verursacht ...“

Frau Ursel nickte. Sie kannte fast alle Geschichten von Herrn Emil.

„Naja, wieder zurück zu den Farben. Mit den Farben ist es wie mit der Leere. In der Leere wird es licht, sozusagen hell um dich herum. Die

Dunkelheit verschwindet. Farben sind Kinder des Lichts. Farbe ist Licht. Ohne Licht gäbe es keine Farbe. So einfach ist das. Solange es Licht gibt, existiert folglich auch Farbe. Das hieße im umgekehrten Fall ... Ich will es mir nicht vorstellen. Tue du es auch nicht, Frau Ursel. Denke niemals dunkel.

Ich sage dir jetzt etwas." Herr Emil nahm sein Kinn vom Gehstock und sah Frau Ursel mit wachen Augen an. „Alles was lebt, schwingt. Folglich ist es in Schwingung. Wahrscheinlich ist das so ähnlich wie beim Schaukeln oder wie bei der Blume im Wind. Vielleicht aber auch wie beim Denken oder sogar beim Küssen. Dann vermischt sich allerdings alles ganz und gar, bis keiner mehr weiß, was von wem kommt.

So ist es Frau Emilie und mir auch gegangen. Doch jetzt, wo wir von so vielem erfahren haben, und von der Verbundenheit wissen, ist das anders. Jetzt küssen wir uns ganz bewusst."

Noch immer lehnte Frau Ursel an Herrn Emils Schulter. Der nahm sie noch ein wenig fester in den Arm und setzte seine Geschichte fort.

„Irgendwann hat dann irgendwer von irgendjemandem etwas, den er wahrscheinlich irgendwann eventuell mal gekannt hat, oder auch nicht, weil man ja gar nicht wissen kann, woher die eigentliche Schwingung kam, irgendetwas in sich aufgenommen. Ich bin überzeugt, du bist noch in der Lage meinen Gedanken zu folgen, Frau Ursel." Frau Ursel zeigte ein kleines Lächeln in ihrem Gesicht, als sie sagte: „Erzähl bitte weiter, Herr Emil." Herr Emil schaute zu Frau Emilie, die am Küchenfenster stand und ihn beobachtete. Er lächelte ihr zu und wendete sich dann wieder Frau Ursel zu.

„Nun wir haben ja, wie du weißt, ein großes Geschenk bekommen. Unsere fünf Sinne. Sehen, riechen, hören, fühlen, schmecken. Und genau damit dürfen wir Farbe wahrnehmen. In diesem Moment wünsche ich mir, dass du mal ein schönes Lied gehört hast, und alles um dich herum wurde himmelblau. Im Morgentau das frische Gras zu riechen. Grüner kann es einem da garnicht mehr werden. Im Winter auf eine

Kerze zu schauen und zu spüren, dass du nicht alleine bist. Da fühlst du die Liebe, die dich umfängt, wie ein roter wärmender Mantel. Im heißen Sommer ein Glas kaltes Wasser zu trinken. Na, das läuft dir doch schon automatisch ganz blau die Kehle hinunter." Er reichte Frau Ursel sein gefülltes Wasserglas, die nun anfing zu weinen. „Weine nur, Frau Ursel. Das reinigt dich." Im selben Augenblick kam Frau Emilie, gab Frau Ursel ein weißes Stofftaschentuch und verschwand wieder.

„Dann hängt Farbe auch von unserer Wahrnehmung ab, also von unseren fünf Sinnen?". Frau Ursel schaute Herrn Emil an, als sie ihm ihre Frage stellte. Sie schnäuzte laut in das Taschentuch, während sie sich mit ihrem Handrücken die Tränen fortwischte. „Die Farbe unserer Schwingungen wandelt sich also auch mit unseren Gefühlen? Deswegen kann uns wohl manchmal jemand nicht riechen? Das könnte der Grund sein, warum dem ein oder anderen eine Sache nicht so schmeckt? Darum haben so viele Menschen Probleme mit den Ohren, weil sie so vieles nicht mehr hören wollen? Verschließen manche Menschen die Augen vor der Wahrheit, weil das, was sie sehen so weh tut? Fühle ich mich deswegen in der Nähe der Ruhe so wohl? Dürfen die Farben dort wieder Kinder sein, die dem Licht folgen, Herr Emil? Sind die Farben also einer ständigen Wandlung unterzogen? Ich bin überwältigt. In diesem Moment habe ich folgenden Gedanken:"

Die Wangen von Frau Ursel färbten sich rot. Ihre Stimme wurde lebendiger und die Trauer verschwand aus ihrem Gesicht, als sie sagte: „Wenn sich die Farbe in mir und um mich herum wandelt, Herr Emil, mit den Dingen, die ich sehe, rieche, höre, fühle und schmecke, und sich durch meinen Einfluss die Farbe des anderen wandelt, und das geht immer so weiter ...Ich wage kaum noch zu erwähnen, dass wir alle in Verbindung stehen. Du weißt doch alles."

Jetzt fuhr Herr Emil fort zu erzählen. „Ja Frau Ursel, dann bist du nicht nur für dich verantwortlich, sondern auch für alles um dich herum. Für deine Kinder, deine Nachbarn, deine Freunde, deine Tiere, deine Pflanzen und immer so weiter. Das Gute daran ist aber, dass du dich trotz dieser umwerfenden Erkenntnis ausschließlich auf dich, das heißt, auf die Verantwortung dir gegenüber besinnen brauchst."

Frau Ursel machte jetzt den Eindruck, als seien Ameisen in sie gefahren. Aufgeregt rutschte sie auf der Gartenbank hin und her. Dann lief sie ins Haus, um sich und Herrn Emil ein neues Glas Wasser zu holen. Ihres trank sie mit einem Zug leer. Hastig sprach sie: „Mein Gott, das eröffnet mir ja Möglichkeiten! In diesen Dimensionen hätte ich ja nie zu träumen gewagt. Und ich darf wirklich die Hoffnung haben, dass das, was ich getan, gedacht und gefühlt habe, wirklich irgendwann wieder zu mir zurückkommt?

Die ganzen Farben?

Ich bin überwältigt. Danke, Herr Emil." Frau Ursel nahm Herrn Emil in den Arm und drückte ihn fest an sich. „Danke, Herr Emil. Danke für diese wunderbare Geschichte."

„Danke fürs Zuhören", erwiderte der. „Falls du noch ein wenig Zeit hättest. Da wäre noch etwas. Sicherlich kannst du dir schon denken, um was es geht." Frau Ursel nickte und lehnte sich wieder an Herrn Emil.

„Also neulich, du weißt doch, als das große Chaos in mir war." Herr Emil schaute Frau Ursel etwas verunsichert an. „Du willst wirklich noch?" „Leg schon los, Herr Emil. Ich bin ganz gespannt." „Gut", sagte er daraufhin.

„Es war ganz schön düster in mir. Nicht ganz dunkel, wohl bemerkt. Immer noch ein wenig Lichteinfall. Immer noch Farbe zu sehen. Schwierig zwar, aber mit ein bisschen gutem Willen. Diesmal war ich nicht mittendrin. Ich hab ganz oben angefangen. Hab gedacht: Geh mal mit System durch. Nicht einfach so drauf los.

Da war es ein wenig Lila. So Rot und Blau vermischt. Höchste Kunst. Die Energien dort oben habe ich kaum ausgehalten. Irgendwie habe ich mich dann doch wieder beruhigt. Meine überreizten Nerven wohl auch. Mir war so, als sei da noch etwas über mir. In diesem Moment trat der Frieden an meine Seite und bot mir seine Begleitung an. Mit ihm an der Seite entstand ein großes Gefühl der Verbundenheit mit dem Universum. Meine Fantasie in diesen Sphären. Sollten wir zwei einmal ganz viel Zeit haben, erfährst du alles. Wenn du möchtest, und nur dann. Alles andere wäre schierer Wahnsinn." Frau Ursel lachte, schüttelte ein wenig mit dem Kopf, und erwiderte nur: „Herr Emil, Herr Emil."

„Dort oben hätte ich am liebsten alles hinter mir gelassen, Frau Ursel. Einfach so, ohne weiter darüber nachzudenken. Weg damit. Dich natürlich nicht. Wir sind doch verbunden. Und selbstverständlich auch nicht Frau Emilie." Verschmitzt blickte er zum Küchenfenster.

„Danach ging's abwärts. Mal wenigstens bis zur Stirn. Da gelang mir das Denken auch wieder besser. Vor mir stand das Verständnis, in tiefes Blau gehüllt. Es hat mich nur kurz berührt, und doch lag in dieser Berührung so eine Intensität verborgen, dass sich vor meinen Augen eine tiefe Quelle der Erkenntnis geöffnet hat. Meine Gedanken schienen sich leichter als üblicherweise zu ordnen. Ich kam mir fast schon erwachsen vor."

In diesem Moment hörte man ein lautes Lachen, das aus der Küche kam. „Übertreibe nicht, Emil." „Na gut, ich sagte ja fast", erwiderte da Herr Emil, und lachte auch. Frau Ursel stimmte in das Lachen ein. Nachdem sich alle beruhigt hatten, tippte Frau Ursel an Herrn Emils Schulter: „Weiter, bitte erzähle weiter." Herr Emil strich Frau Ursel über die Schulter und flüsterte: „Gedulde dich. Lass mich zuerst noch einen Schluck Wasser trinken.

Gut. Nun geht es wieder. Noch weiter unten, so etwa im Kehlkopfbereich, sprudelten die Worte nur so aus mir heraus. Am liebsten hätte ich sofort angefangen, all meine Ideen in die Tat umzusetzen. Ich wollte das aussprechen, was ich mich vorher nie getraut hatte. Die Kommunikation hielt ein wunderschönes hellblaues Schild in der Hand. Darauf stand: Tu es jetzt! Wo warst du, Frau Ursel? Ich hätte es dir in diesem Moment so gerne erzählt.

Auf einmal spürte ich die große Freiheit hinter mir und vor mir die Sehnsucht. Ein Gefühl der Weite umgab mich. Nicht verzweifeln, sprach die innere Stimme. Alles ist in dir und alles ist möglich. Du darfst jederzeit zurückkehren und es erneut wagen.

Gut, dachte ich, dann will ich meinen Weg fortsetzen. Auf einmal ging's ganz schön laut her. Ein ständiges Pulsieren. Du weißt, im Augenblick vertrage ich so ein reges Treiben kaum. Trotzdem fühlte ich mich gut, außerordentlich gut sogar. Mit diesem guten Gefühl erkannte ich auf einer grünen Wiese die Zuwendung. Sie winkte mir zu und mir wurde ganz warm ums Herz. Ich fühlte mich wie ein Auto nach der Inspektion. Irgendwie rund erneuert. Wie vor einem Neubeginn. Zwar noch ein bisschen grün hinter den Ohren, aber mutig, sehr mutig sogar. Veränderung stand bevor. Das konnte ich deutlich spüren.

Voller Tatendrang ging's steil bergab, Richtung Solarplexus. In einfachem und doch ausdrucksstarkem Deutsch auch Sonnengeflecht genannt. Du kannst dir denken, welche Farbe mich dort angestrahlt hat. Es war das leibhaftige Gelb in seiner schönsten Gestalt. Es forderte mich auf zu überdenken, wer ich bin und wohin ich möchte, wen oder was ich dazu benötige, und was ich bereit bin loszulassen. Es war bereit, mir bei der Entscheidungsfindung zu helfen. Für das Gelb waren folgende Abläufe wesentlich: Aufnehmen, verarbeiten, loslassen. Nichts mit aufnehmen, aufnehmen, aufnehmen. Aufnehmen, verarbeiten, loslassen. Unter voller Aufmerksamkeit und höchster Konzentration.

Ist ja irgendwie auch logisch. Wenn immer mehr in mich hineinkommt und ich verarbeite nichts, lasse nichts los, liegt irgendwann alles im Dunkel. Keine Lichtzufuhr mehr möglich. Keine Farben. Nichts geht mehr.

Doch Gott sei Dank war in meiner Mitte noch das große Gelb. Danach bin ich ganz schön abgerutscht. Bis so circa zwei bis drei Fingerbreit unter den Bauchnabel, in den Unterbauch. Mir war klar: jetzt bin ich dran. Hier gibt es nur noch entweder oder. Hier darf ich mich immer wieder neu entscheiden. Nur nicht ein wenig von diesem oder jenem.

Hier geht nur: entweder dies oder das.

In diesem Bereich hat wohl ein Künstler bei mir Einzug gehalten. Alles war in ein wunderschönes Orange eingefärbt. Nach der großen Entleerung schien dieser Aufenthalt mein Appetitzentrum anzuregen, denn ich verspürte in diesem Moment einen schier unglaublichen Hunger. Während dieser Zeit habe ich auch Frau Emilie kennen und lieben gelernt. Du siehst, alles hat seine Zeit.

Gestärkt wollte ich die letzte Farbe auf der Reise zu mir selbst finden. Lange hat es nicht gedauert. So ein Rot. Das fällt auf. Das erregt höchste Aufmerksamkeit. War ich hier bei meinen Wurzeln angelangt? Sollte hier alles angefangen haben? Ist das die Basis? Ich spürte eine große Kraft in mir und badete in diesem Meer von Farbe. Anschließend schaute ich an mir herunter. Es gefiel mir, und ich sagte Ja, zu dem, was ich da zu sehen bekam. Übrigens tat das Frau Emilie auch. Sie schaute mich an und sagte: Ja Herr Emil, du bist gut so, wie du bist. Du gefällst mir.

Weißt du Frau Ursel. So hat es Frau Emilie immer gemacht. Sie hat immer gesagt: Herr Emil, du bist gut so, wie du bist. Du gefällst mir."

Für eine Weile schwieg er. Anschließend wendete er sich dem Küchenfenster zu, lächelte und war danach mit seiner Aufmerksamkeit wieder bei Frau Ursel.

„Schließlich nahm ich in der Erinnerung an meine Reise noch einmal alle Farben in mir auf. Und weil ich so voll mit Farbe war und wirklich nichts mehr hineinpasste, behielt ich einfach den roten Anstrich. Weißt du, ein wenig Egoismus war da schon dabei. Es könnte ja sein, dass du dich mal verläufst, oder dich nicht mehr an diese Zeilen, oder an mich erinnerst. Wahrscheinlich ist es dann ganz gut, mir vorläufig mal den roten Anstrich zu bewahren. Bis dahin bleiben wir natürlich wie immer verbunden."

„Wie könnte ich dich jemals vergessen Herr Emil", sagte da Frau Ursel. Bevor sie aufstand, nahm sie Herrn Emils Hände in die ihren und sprach leise: „Solltest du in nächster Zeit nichts von mir hören-, der Aufstieg dauert meist ein wenig länger. Ich melde mich bei dir. Grüß Frau Emilie noch einmal. Ich will jetzt gehen und das Gelb suchen."

Anschließend umarmte Frau Ursel Herrn Emil. Frau Emilie brachte in einer Tüte Mürbeteiggebäck mit Nüssen darauf und mit Schokolade überzogen nach draußen. Das durfte Frau Ursel für die Kinder und sich mit nach Hause nehmen.

Von Herrn Wolfgang und den Zeichen

Heute war kein guter Tag. Herr Emil saß auf der Gartenbank und machte einen verlorenen Eindruck. Frau Emilie lag mit einer Erkältung im Bett. Niemand war da, der ihm Tee kochte und ihn zum Essen ins Haus rief. Alles war genau anders herum, als es Herr Emil gewohnt war. Heute hatte er den Tee für Frau Emilie gekocht, und ihn ihr ans Bett gebracht. Zum Mittagessen gab es Bohnensuppe. Die Bohnen hatte er am frühen Morgen gepflückt. Jetzt kochten sie im Topf vor sich hin. Es war nicht so, dass Herr Emil nicht kochen konnte. Er kochte sogar sehr gut. Aber Frau Emilie hatte es sich zur Aufgabe gemacht, für das Kochen zuständig zu sein. Darum war alles gut so, wie es war. Nur heute, heute war es anders.

Herr Emil stand von der Gartenbank auf, um in die Küche zu gehen. Er nahm einen Teller aus dem Schrank, füllte ihn mit der wohlriechenden Bohnensuppe, und ging zu Frau Emilie. „Iss etwas, Emilie. Die Suppe ist jetzt noch warm." Er schüttelte ihre Kissen auf und half ihr sich aufrecht hinzusetzen. Anschließend holte er sich auch einen Teller von der Suppe und setzte sich zu Frau Emilie auf die Bettkante. Sie schaute Herrn Emil liebevoll an und sagte: „Weißt du noch?"

„Als wir zum ersten Mal zusammen Bohnensuppe gekocht haben", beendete Herr Emil ihren Satz. Die beiden unterdrückten das Lachen. Einmal, weil die Suppe sonst im Bett gelandet wäre, und außerdem hätte sich Frau Emilie wegen ihrem Husten daran verschlucken können.

Plötzlich klingelte es an der Haustür. „Geh nur Emil", sagte Frau Emilie. „Ich wollte sowieso ein Mittagsschläfchen halten." Da nahm Herr Emil die Teller, gab Frau Emilie noch einen Kuss und ging zur Haustür. Vor der Tür stand Herr Wolfgang. Herr Wolfgang war der Bürgermeister des Nachbarortes.

„Warte einen Augenblick!", rief Herr Emil, „Ich will nur die Teller in die Küche bringen." Herr Wolfgang nahm Herrn Emil die Teller aus der Hand und meinte: „Nimm du lieber deinen Gehstock, Herr Emil. Nicht, dass du fällst." „Ich danke dir", sagte der und ging nach draußen, um sich auf die Bank zu setzen.

Herr Wolfgang schaute aus dem Küchenfenster. Er rief: „Ich spüle das Geschirr. Du schenkst mir deine Zeit. Das ist das Wenigste, was ich für dich tun kann." Herr Emil ließ es geschehen. Er schloss in der Zeit die Augen, um ein wenig nachzudenken.

Nach einer Weile kam Herr Wolfgang und setzte sich zu Herrn Emil. „Weißt du, Herr Emil, immer mehr Menschen kommen mit Beschwerden zu mir. Ich weiß nicht, was geschieht. So viele sind unzufrieden. Der eine will dies und der andere will das. Was ich für den einen gut entscheide, ist für den anderen eine Tragödie. Ich weiß weder was ich tun, noch was ich denken soll. Abends sitze ich und raufe mir die Haare. Ich kann es nicht jedem recht machen. Soll ich mein Amt niederlegen? Was soll ich tun, Herr Emil?"

Herr Emil beugte sich nach vorne. Wieder stütze er sein Kinn auf seine Hände, die er auf den Gehstock legte. „Ich würde dir gerne eine Geschichte erzählen, Herr Wolfgang. Ich kann dir nicht sagen, was du tun sollst. Du bist der Bürgermeister. Meine Rolle ist eine andere. Willst du die Geschichte hören?" „Darum bin ich hier, Herr Emil. Ich bin schon ganz gespannt." Herr Emil rückte sich noch einmal zurecht. Dann fing er an.

„Ich würde dir gerne von den Zeichen erzählen, Herr Wolfgang. Das könnte von Bedeutung für dich sein. Du solltest es wissen. Jeder sollte das wissen." Herr Emil schüttelte den Kopf über sich selbst. „Wie kann ich nur so über dich denken? Du bist der Bürgermeister. Natürlich weißt du das. Du weißt so viel.

Weißt du, Herr Wolfgang. Mit den Zeichen ist es ähnlich wie mit den Wundern. Sie kommen einfach. Irgendwann ist es an der Zeit, und dann sind sie da. Falls du sie zu ihrer Zeit übersehen hast, ist es lediglich deine Aufgabe, um neue Zeichen zu bitten und sie zu erkennen.

Das Erkennen dauert oft ein bisschen länger. Du bist nicht der Einzige, Herr Wolfgang, dem das schwerfällt. Würde ich dir diese Geschichte erzählen, wenn ich es nicht selbst erlebt hätte?" Herr Emil machte eine kleine Pause. Er schien gerade an etwas zu denken. Schließlich fuhr er fort. „Sie begegnen dir verpackt oder auf Umwegen. Manchmal spielen sie dir auch einen kleinen Streich und wollen dir vormachen, dass es sie überhaupt nicht gibt. Oder sie geben sich als etwas ganz anderes zu erkennen.

Manchmal allerdings geschehen Zeichen und Wunder, die sind so eindeutig, dass sie selbst ein Blinder sehen und ein Tauber hören könnte. Du könntest mir jetzt sicher noch von tausend Zeichen berichten, aber du bist ja zu mir gekommen, um meiner Geschichte Aufmerksamkeit zu schenken. Ich weiß, dass du ein Versprechen niemals brechen würdest. Das ist auch gut so, denn schließlich sind Versprechen da, um sie einzuhalten. Ist es nicht manchmal schwer für dich, so große Ohren haben zu müssen?"

Weil Herr Wolfgang nichts sagte, und Herr Emil auch keine Antwort erwartete, schaute er ihm einfach kurz in die Augen. Anschließend blickte er wieder in die Ferne und fuhr fort zu erzählen.

„Zurück zu den Zeichen. Du weißt, dass alles in dir ist. So wie die Fragen, Ängste und Unsicherheiten da sind, so finden sich auch die Antworten, der Mut und die Zuversicht. Alles ist in dir. Ehrlich. Wenn du glaubst, manche Dinge verloren zu haben, dann kommen die Zeichen und Wunder dran. Die haben dann ihren großen Auftritt.

Es gab einmal Zeiten, da durften sie öfter auf die Bühne. So ist es halt. Alles ändert sich. Auch die Menschen in deinem Dorf. Auch ihnen begegnen Zeichen."

Herr Emil schien wieder tief in seine Geschichte versunken. „Neulich, du weißt schon. Das große Chaos in mir. Es war wieder da. In mir hat sich alles gedreht. Auf keinem Jahrmarkt bringt es jemand fertig, dir so ein Gefühl zu verkaufen. Du erkennst keinen Wegweiser, hast keinerlei Orientierung und weißt noch nicht einmal mehr von der Existenz eines Zentrums. Also in diesem Zustand, mitten in mir drin, wusste ich, jetzt brauche ich Hilfe." Herr Emil blickte Herrn Wolfgang an. „Mir ging es wie dir, Herr Wolfgang. Doch Gott sei Dank hatte ich mich wenigstens in dem großen Gelb befunden. Da bestand zumindest die Chance gesehen zu werden, zumal ich ja nun auch den roten Anstrich hatte. Frau Ursel kann dir eine Geschichte davon erzählen. Ich jedenfalls war bereit jedes Zeichen wahrzunehmen.

Mit dieser Bereitschaft kam auch der Stillstand. Kennst du das Gefühl, wenn die Karussellfahrt endet, und du glaubst, keinen Boden mehr unter den Füßen zu spüren? Stillstand. Einfach hinlegen. Für nichts und niemanden mehr zuständig sein. Vorbei mit der Geschwindigkeit. In diesem Zustand habe ich die Bekanntschaft mit der Achtsamkeit gemacht. Mit mir an deiner Seite wirst du die Zeichen erkennen. Ich öffne dir die Augen, flüsterte sie mir zu. Das war ein gutes Gefühl. Die Augen nur dann öffnen, wenn es die Achtsamkeit zuließ. Das hatte zur Folge, dass ich jedes Mal beim Öffnen der Augen ein gutes Gefühl hatte.

Ich weiß, was du nun denkst", wendete sich Herr Emil an Herrn Wolfgang. „Ich weiß auch, dass du das schon lange vor mir wusstest. Du weißt aber auch, dass ich gerne meine eigenen Erfahrungen mache. Die Zeichen selbst zu erkennen ist so, als würde man auf einem Regenbogen tanzen. Von diesem Zeitpunkt an hatte ich also bei allem, was ich sah ein gutes Gefühl. Mein Erfahrungsraum war logischerweise stark eingeschränkt. Nun gut. Alles hat seine Konsequenz. Warum sollte es bei den Zeichen da eine Ausnahme geben?

Mit Hilfe der Achtsamkeit war ich nun in der Lage den ersten Schritt zu gehen. Aber wohin? Außer dem großen Gelb war nichts zu sehen. Da kam das Wesentliche und stellte sich mir in den Weg. Es sprach: Du bleibst hier stehen, bis du mir genau sagen kannst, wer ich bin.

Ich gestehe dir, dass ich in diesem Moment viele Tränen vergossen habe. Was hättest du getan, wenn dir jemand den Weg versperrt hätte und du glauben würdest, es gäbe kein Weiterkommen mehr? Ich hatte das Gefühl, auf den Boden geworfen zu werden. Da habe ich sie gespürt, in meinem Rücken. Sanft hat sie mich gehalten, die Ruhe, und ich verlor jede Angst. Sie flüsterte mir zu: Ich stehe so lange hinter dir, bis du die Worte hören kannst, die nur in meiner Gegenwart bereit sind zu dir zu kommen, denn sie liegen tief in dir verborgen, und es bedarf einer großen Portion Mut und Stille, sie ins Tagesgeschehen kommen zu lassen.

Nach einiger Zeit war ich in der Lage die Worte zu hören. Immer deutlicher wurden sie. Nun gab es kein Zurück mehr. Jedem Wort geht ein Gedanke voraus, und jedem Gedanken folgt eine Tat. Da gab es auch für mich keine Ausnahme. Bis zu diesem Zeitpunkt hatte ich keine Ahnung, dass außer Hinweisschildern, Farben, Worten, ein paar anderen Dingen und natürlich dir, Herr Wolfgang, auch noch Zeichen in mir waren. Diese Erkenntnis verursachte eine Ganzkörpergänsehaut, was zur Folge hatte, dass überall ein wenig Rot von mir abbröckelte.

Ich hatte die Befürchtung aus der Haut zu fahren, denn es war so viel, was ich zu hören bekam, dass ich laut um Hilfe rief. Wahrscheinlich war ich kurz vorm Zerreißen. Zu viel Spannung.

Dir geht es sicher ähnlich, Herr Wolfgang, oder?" Herr Wolfgang nickte. „Da ich aber immer mehr in der Lage war die Zeichen zu erkennen, die natürlich stets mit einer Konsequenz verbunden sind, und mein Hilferuf angekommen war, konnte ich sie wahrnehmen, die große Leere. Leise sagte sie: Ich breite mich vor dir aus, bis du trennen kannst, was zu dir gehört, und was du nicht mehr brauchst. Bis du es alleine schaffst, gehört dir mein Licht. Du darfst dich allerdings nicht von der Ruhe entfernen, und vergiss nicht das Wesentliche und die Achtsamkeit teilhaben zu lassen.

Ganz schön viele Auflagen, ohne dass man weiß, was man dafür an Gegenwert bekommt. Ich habe mich trotzdem darauf eingelassen.

Da habe ich sie gehört, die Musik. Wer diese Musik jemals gehört hat ..." Herr Emil hielt mitten im Satz inne. Er erinnerte sich an die Musik und spürte ihr für ein paar Augenblicke nach. Anschließend wendete er sich wieder Herrn Wolfgang zu und sagte: "Ich weiß, Herr Wolfgang, du schläfst wahrscheinlich jeden Abend mit ihr ein. Aber ich, ich hatte mich doch für den Selbsterfahrungskurs entschieden. Na, ist ja noch mal gut gegangen.

Du kannst dir sicherlich denken, wer mich dann in den Arm genommen hat. Hast du ihr einen freien Tag gegeben? Gewöhnlich weicht sie ja nicht von deiner Seite. Ohne die geht es als Bürgermeister aber nun auch wirklich nicht. Ihre Begleitung sei dir gegönnt. Dann ist es nun wohl auch mal an der Zeit Danke zu sagen. Danke, Herr Wolfgang. Du weißt, dass ich von unserer Freundin, der Liebe spreche. Ohne die geht es doch nicht. Egal, um welche Entscheidung es sich handelt.

Sie brauchte sich mir weder in den Weg zu stellen, noch mich zu stützen. Ich hab's begriffen. Einfach so. Sie ist das Fundament. Die Voraussetzung für den Weg, den man gewählt hat. Die Basis also. Das Rot. Obwohl sie ein wenig Schaden an mir genommen hat, ist noch genug davon vorhanden. Außerdem kenne ich nun die Quelle.

Von Zeit zu Zeit ein Bad zu nehmen. Was hindert mich daran?"

Herr Wolfgang stand auf. „Ich muss jetzt gehen. Danke für die Zeit, die du mir geschenkt hast. Vielleicht mache ich ein paar Wochen Urlaub. Es wird schon eine Weile ohne mich gehen. Ich will ein wenig zur Ruhe kommen und über dies und das nachdenken."

Er verabschiedete sich von Herrn Emil und wünschte für Frau Emilie gute Besserung. Anschließend ging er. Herr Emil stand von der Bank auf, um nach Frau Emilie zu sehen. Die schlief tief und fest. Leise ging er in die Küche, um das Abendessen vorzubereiten.

Von Herr Konrad und den Gefühlen

Irgendetwas lag in der Luft. Ein Gewitter zog auf. Der Wind fegte die Blätter über die Straße. Die Vögel flogen aufgeregt am Himmel. Die Mücken versteckten sich und Frau Emilie schloss das Küchenfenster von innen. Sie fürchtete sich ein wenig vor Blitz und Donner. Herrn Emil machte das weniger aus. Er saß immer noch auf der Gartenbank und beobachtete das Geschehen.

Da hörte er aus der Ferne ein lautes Miteinander. Es war Herr Konrad mit seinem besten Freund. Herr Konrad zeigte ein wutentbranntes Gesicht. Sein Freund drehte sich auf einmal um und ging in die andere Richtung. Herr Konrad blieb verdutzt stehen. Dann schrie er hinter ihm her: „Zu mir brauchst du nicht mehr zu kommen!" Sein Freund drehte sich daraufhin noch einmal zu Herrn Konrad um. Er schien bedrückt, als er sagte: „Sprich so nicht mit mir."

Jeder ging nun in eine andere Richtung. Herr Konrad schnaubte während des Gehens, und sein Freund hatte den Blick auf den Boden gerichtet. Es dauerte nicht lange, da ging Herr Konrad direkt in die Richtung der Gartenbank, auf der Herr Emil saß. Er wartete nicht, bis ihn Herr Emil einlud, sich neben ihn zu setzen. Nein, er ließ sich einfach auf der Sitzfläche nieder und warf Herrn Emil einen bösen Blick zu. Der sah Herrn Konrad an, und sagte nichts. Er sah ihn weiter an, und sagte immer noch nichts.

„Was ist?", fragte da Herr Konrad. „Warum sagst du nichts?" Herr Emil erwiderte: „Hast du etwas gefragt?" Herr Konrad schüttelte mit dem Kopf und meinte: „Ein komischer Tag heute."

Herr Emil sah zum Himmel. „Das ist die Luft. Es braut sich etwas zusammen. Es ist gut, wenn es sich gleich entlädt. Dann kehrt wieder Ruhe ein. Bis es so weit ist, darfst du gerne hier verweilen. Ich habe es gerne zu beobachten, wie sich alles zusammenzieht, um sich anschließend in seiner ganzen Kraft zu zeigen."

Herr Konrad schaute Herrn Emil von der Seite an. Er wusste, dass Herr

Emil manchmal seltsame Dinge von sich gab. Und doch hatte es ihn zu ihm gezogen. Plötzlich stand er auf, stellte sich vor Herrn Emil und sagte in einem barschen Ton. „Wenn du mir unbedingt eine deiner Geschichten erzählen willst, dann tue es jetzt. Ich habe noch Arbeit." Herr Emil lächelte. „Du hast von meinen Geschichten gehört? Gerne will ich auch dir eine erzählen. Ich mache dir einen Vorschlag. Du setzt dich wieder neben mich. So fühle ich mich weniger von dir bedrängt. Ich werde auf keine Antwort von dir warten und dich nicht anschauen. Ich werde mich einzig und allein auf meine Geschichte konzentrieren. Solltest du dich langweilen, stehst du einfach auf und gehst. Bist du damit einverstanden, wenn wir es so machen?"

Herr Konrad sah Herrn Emil an, als wolle er sagen. „Wer bist du denn?" Stattdessen antwortete er aber. „Ich bin einverstanden."

Herr Emil rückte sich noch ein wenig zurecht, und fing an die Geschichte zu erzählen. „Heute berichte ich dir über etwas ganz Wunderbares, Herr Konrad. Vielleicht ist es auf dieser Bank eine meiner letzten Geschichten. Frau Emilie wird jeden Tag ein wenig müder. Ich will mir mehr Zeit für sie nehmen. Wer weiß, wie viele gemeinsame Tage wir hier noch zusammen verbringen dürfen. Darum möchte ich dir gerne von meinen Erfahrungen mit den guten Gefühlen erzählen. Dieses Gefühl hat sich so fest in mir verankert, dass es mir kaum noch möglich ist, eine andere Form zu tolerieren. Zumindest sollte eine andere Erscheinungsform in der Lage sein sich einem Wandel zu unterziehen, sodass es trotz der Ernsthaftigkeit seiner Lage bereit ist, die in diesem Fall positive Seite seiner Wirkung zu akzeptieren. Ich denke, mich klar ausgedrückt zu haben."

Herr Konrad sagte nichts. Herr Emil platzierte seine Hände auf den Stock, legte sein Kinn darauf und schaute in die Ferne. „Einlass bei mir erhält nur das Gefühl, welches in meiner ganz persönlichen Bewertung ein gut bis sehr gut erhält. Zeigt es kein Verlangen diesem Qualitätssiegel zu entsprechen, darf es gerne an meiner Haustür vorbeigehen. Sicher wird es an einem anderen Ort einen Platz finden, der es willkommen heißt."

Jetzt bemerkte Herr Emil Herrn Konrads Blick, der auf ihn gerichtet war. „Ich sehe dich lächeln, Herr Konrad. Was denkst du? Denkst du vielleicht, wie viele schlechte Gefühle hat er zugelassen, bis er den Beweis hatte, keine weiteren Erfahrungen mehr zu benötigen? Ich weiß, Herr Konrad. Du bist mit diesem Wissen auf unsere Welt gekommen. Ich hätte deine Kenntnisse nur übernehmen müssen. Du bist mir um vieles voraus, und ich bin froh, dass es dich gibt. Obwohl du alles schon weißt, gibst du mir durch dein Zuhören die Möglichkeit mich selbst kennenzulernen, mich zu reflektieren. Weil du weißt, dass ich Schmerzen habe, lässt du zu, dass es Zeit braucht, dir von meinen Erfahrungen zu berichten. Weil du gesehen hast, dass es auch die andere Seite gibt, verstehst du mich.

In diesem Moment hast du deine Tür für mich geöffnet. Ich fühle mich als dein Gast, obwohl ich darum weiß, dass es meine Gartenbank ist, auf der wir sitzen. Und soll ich dir etwas sagen? Immer ist alles da. In dir und in mir. In deinem Freund und in deinem Feind, sofern du denn einen brauchst. In jedem ist alles vorhanden. Auch jedes Gefühl. Es fühlt sich nur anders an, je nachdem wohin du gerade blickst.

Sogar das Chaos. Neulich war es wieder da. Mittendrin. Bist du in der Lage dir vorzustellen, wie es ist, wenn sich jedes Gefühl als gut erweist, Herr Konrad? Da musst du auch erst einmal mit fertig werden. Das hat Folgen, obwohl du es selbst so gewollt hast. Das weint und lacht und tanzt und schreit und singt und trauert und ist wütend und verzweifelt und voller Hoffnung und ist satt und hungrig und liebt und hasst und alles fühlt sich gut an, weil es da ist. Weil es weiß, dass du an es glaubst und etwas Gutes in ihm siehst. Weil es Sinn macht, dass es da ist. Weil es weiß, dass du es brauchst. Weil es ein gutes Gefühl ist. Weil du gesagt hast, du bist gut. Ich nehme dich an, so wie du jetzt bist. Weil du bereit bist, deine gute Seite zu sehen.

Bist du in der Lage dir vorzustellen, was da in einem los ist? Schlimmer als auf jedem Kindergeburtstag. Als würde jeder eine andere Rolle besetzen.

Genau in dieser Erkenntnis erreichte mich die Wut. Sie drehte sich um sich selbst, schrie und tobte und führte einen Tanz auf, als sei sie von einer Herde wilder Pferde getrieben. Ihre Energie schien grenzenlos zu sein. Meine Leber zuckte unter diesen wilden Gebärden einige Male zusammen, jedoch schien es ihr gut zu tun sich zu spüren. Ich schaute fasziniert zu, bis sie mich zum Tanz einlud. „Gib Feuer!", schrie sie mir zu.

Das brauchte sie nicht zweimal zu sagen, denn unter solch einem Aufruf bleibt einem nichts anderes übrig als sich ins Geschehen einzureihen. Zugleich gesellten sich die Hysterie und die Aggression in unseren Reigen. Mein Herz war bis zum Hals zu spüren. In diesem Augenblick kam das Lachen. Es blieb mir nichts anderes übrig, als mich ihm anzuschließen. Diese Momente habe ich am liebsten mit Frau Emilie genossen.

Ich habe es als filmreif angesehen und es bedauert in diesem Moment keine Bühne in mir getragen zu haben, auf die ich mich stellen konnte.

Hast du mich gespürt? Hast du bemerkt, welcher Tanz in mir stattgefunden hat? Wir sind verbunden. Du weißt es. Ich muss es dir nicht erzählen, wobei es mir doch immer wieder eine Freude ist, mich dir mitzuteilen." Herr Konrad saß immer noch auf der Gartenbank und Herr Emil blickte, während er erzählte, in die Ferne.

„Mit einem Mal kam die Angst. Ganz in Schwarz gekleidet. Alles verstummte bei ihrem Auftritt. Sie hielt eine Schale mit Wasser in den Händen. Tiefblau. Folgende Worte kamen aus ihrem Mund: Dies sind meine Tränen, die ich vergossen habe, als ich noch nichts von euch wusste. In meiner tiefsten Angst habe ich mich so einsam gefühlt, dass ich fast ausgetrocknet wäre, wenn ich nicht ganz tief in mich hinein geschaut hätte und es gesehen und gehört hätte, das Wissen. Ich fließe stetig bergab, so ist der Lauf. Bis ich oben ankomme und ein Neubeginn möglich ist, muss ich durch den ewigen Wandel. Ich verkleide mich, um wieder zu dem zu werden, was ich immer war. Doch dazu braucht es euch alle. Jeder von euch spielt seine Rolle."

Herr Emil erzählte nach einer kurzen Zeit des Nachdenkens weiter. „Rings um die Angst verstummte alles. Eine tiefe Ruhe kehrte ein. Dieser bewegte Auftritt wäre wohl auch dir an die Nieren gegangen, Herr Konrad."

Herr Emil blickte nun noch weiter als zuvor in die Ferne. „Da erschien sie. Die Traurigkeit. Würdig und diszipliniert. Umhüllt von einem goldenen Mantel. Ihre Worte waren folgende: Ich habe mich dazu entschieden, euch in eine neue Ordnung zu bringen. Dies bedarf jedoch einer hohen Konzentration meinerseits, weil ich mir eine weise Entscheidung abverlange. Ich möchte keine Trauer tragen, wenn ich mich zurückziehe, nicht um das weinen, was ich euch mit auf den Weg gebe. Ich hatte einen langen Atem. Nun ist es an der Zeit zurückzutreten. Meine Traurigkeit will ich nicht verleugnen. Jeder Abschied fällt schwer. So ist es. Doch wenn die Zeit gekommen ist, da mir die Nachdenklichkeit süße Nahrung beschert, werden sich auch meine Lungen wieder mit Atem füllen, sodass ich dir, liebe Angst, den Rücken zu stärken vermag. So hat alles seine Zeit. Seinen Anfang und sein Ende. Es bedarf eines gegenseitigen Gebens und Nehmens. Nur so sind wir in der Lage, das Spiel fortzusetzen. Die Veränderung macht uns aus, nicht der Stillstand. So ist der Kreislauf des Lebens. Die Beobachtung hat mich gelehrt, dass sich das Wissen wandelt. So will ich auf den Punkt bringen und aussprechen, was mich bewegt.

Genießt den Augenblick und haltet nicht fest an Dingen, die nicht zu eurem Wesen gehören. Ein jeder von uns hat seine Bestimmung, und die Verantwortung für dieses Stück darf geteilt werden. So bedenkt euren Teil anzunehmen und ihn zu erfüllen."

Alle waren sprachlos. Auch ich musste mich erst eine Weile abgrenzen. Diese würdevolle Ansprache war mir doch sehr unter die Haut gegangen.

Nach einer Zeit des Schweigens betrat die Nachdenklichkeit die Mitte. Sie trug ein leuchtend gelbes Kleid und sah wohlgenährt aus. Plötzlich sagte sie: Ich habe alles von euren Worten in mir aufgenommen. Habe lange darüber gegrübelt und wurde auch zeitweise recht schwermütig. Doch dann habe ich an mir heruntergeschaut, und es gesehen, das Leuchten. Es blieb mir nichts anderes übrig als zu singen, in der Erkenntnis, dass wir, wenn wir bereit sind es sehen zu wollen, das Gute in uns zu erkennen. So will ich es für euch behüten und bewahren, wie einen Juwel. Es erhält euch gesund und bindet euch an euch selbst. Es hilft euch die Aufmerksamkeit auf das Wesentliche zu lenken. So haltet ein und strebt nach dem Wissen um euer Selbst. Ich wünsche euch, dass ihr sie seht, die andere Seite, und annehmt. So findet ihr Einlass zu eurem Selbst. Und glaubt mir. Das ist ein gutes Gefühl.

In meinem Magen breitete sich eine angenehme Wärme aus, Herr Konrad. Während ich erzähle, spüre ich sie gerade wieder. Es zieht mich zu Frau Emilie. Ich will mich von dir verabschieden. Ich danke dir, dass du mir bis zum Ende zugehört hast." Herr Emil auf stand auf und ging ins Haus.

Inzwischen hatte es angefangen zu regnen. Das Küchenfenster öffnete sich. Frau Emilie winkte mit einem schwarzen Regenschirm. Herr Konrad nahm ihn entgegen. Leise begab er sich auf den Heimweg.

Von Frau Emilie und der Dankbarkeit

Es war so, als hätte es nie ein Gewitter gegeben. Die Sonne schien. Die Vögel zwitscherten. Die Bienen flogen vergnügt und die Schmetterlinge bewegten sich tanzend im Garten von Herrn Emil und Frau Emilie. Heute schien es, als würde ein Zauber über den beiden liegen. Niemand kam vorbei, der von Herrn Emil eine Geschichte hören wollte. So saßen sie, die Hände ineinander gelegt, auf der Gartenbank und hingen ihren Gedanken nach.

Frau Emilie hielt die Hand von Herrn Emil plötzlich noch ein wenig fester in der ihren, als sie sagte: „Du hast mich gebeten dir eine Geschichte zu erzählen, Emil. Wir haben viel erlebt. Es fällt mir schwer, eine Auswahl zu treffen. Wir beide wissen, dass es manchmal erforderlich ist zu verweilen, eine Pause zu machen, einen Schritt zurückzutreten und uns aus der Ferne zu betrachten. Das will ich jetzt tun. Ich biete dir an mich zu begleiten. Ich bin ein wenig müde. Bleibe an meiner Seite. Heute dürfen wir beide Zuschauer sein."

Liebevoll blickte sie in Herrn Emils besorgte Augen, während sie weiter sprach. „Es ist gut dich neben mir zu spüren. Jemanden an der Seite zu wissen, der mich alles ausprobieren lässt, der geduldig ist, obwohl er schon alles weiß. Es ist gut, dass es dich gibt, Emil. Es ist gut, dass du so große Ohren hast."

Frau Emilie zeigte mit ihrer Hand in die Ferne. Wo ihre Augen waren, wussten in diesem Augenblick wohl nur Herr Emil und Frau Emilie. Schließlich begann sie mit ihrer Geschichte.

„Schau mal, hinter der großen Leere. Erkennst du es? Siehst du es, das Leuchten? Es strahlt bis ins Irgendwo, jenseits aller Zeiten. Als würde es kein Ende geben. Als würde der Weg immer weiter gehen. Was ist das, Emil? Ist das die Ewigkeit?

Warum gibst du mir keine Antwort?"

Frau Emilie schaute zu Herrn Emil. Der blickte sie mit feuchten Augen an, als er ihr Gesicht zärtlich in seine Hände nahm.

„Du weißt es also“, sagte sie leise. Wieder legten beide die Hände ineinander. Frau Emilie fuhr fort zu erzählen. Während die Worte aus ihrem Mund kamen, sah sie Herrn Emil die ganze Zeit an.

„Das Licht zerstreut sich. Wie ein Sternenhimmel. Mir wird schwindelig. Alles dreht sich beim Zuschauen. Ich kann es sehen. Überall Licht, überall Wege. Halte mich fest, Emil. Ich fange an zu zittern. So weit der Raum, so unendlich weit. Ich kann kaum atmen.

Du kennst es, das große Licht? Du weißt von den tausend Möglichkeiten? Du hast alles gewusst. Du hast es immer gewusst. Was geschieht jetzt? Alles wird ruhig. Nichts dreht sich mehr.“

Herrn Emil liefen die Tränen die Wangen hinunter, als er Frau Emilie in den Arm nahm und sie fest an sich drückte. Die flüsterte leise: „Kannst du es hören? Als würde Wasser sanft zu Boden fallen. Schau hin, schau genau hin, Emil. Sieh mal. Dort steht sie. Es ist die Dankbarkeit. Sie sammelt Tränen. Wie eine Schale hält sie ihre Hände, um die Tränen nicht zu verlieren in dieser unendlichen Weite. Warum weint sie? Sieht sie dieses Licht auch zum ersten Mal? Beginnt hier alles von vorne? Findet hier der ewige Wandel statt? Verändern sich hier die Dinge, die Farben, die Gefühle, die Zeichen und Worte? Ist das der Ort der Erkenntnis? Ist hier alles miteinander verbunden? Kommt hier alles in eine neue Ordnung? Ist das das Leben? Ständige Veränderung? Steter Wandel? So viele Möglichkeiten? All das entsteht aus der großen Leere? Du hast das alles gewusst, Emil?

Lass uns zu ihr gehen. Begleite mich Emil. Alles, was wir jemals gesehen haben, hält die Dankbarkeit in ihren Händen. Ihre Tränen dürfen nicht verloren gehen. In ihnen liegt alles Wissen. Alles, was war und sein wird. Wer von ihr durchströmt wird, erfährt tiefen Frieden. Sie soll das Wasser sein, das in uns fließt und uns am Leben erhält. Stimmt es, Emil? Sie ist die ewig Wandelbare, die in ständiger Kommunikation mit uns steht. Durch sie wird Bewegung erst möglich. Sieh nur, das Wasser fließt aus ihren Händen. Es verteilt sich. Alles wird sanft durchflutet. So hat alles seine Zeit. Die Worte, die Dinge, die Farben, die Zeichen, die Gefühle. Auch du und ich. Hier, wo das Staunen kein Ende nimmt, wo es tausend Wege gibt. Wir dürfen uns entscheiden, wann und wohin wir gehen möchten. Die Zeit erkennen und den ersten Schritt machen. Das wünsche ich uns."

Die Sonne schien immer noch, als Herr Emil in den Himmel blickte. Für einen Moment schien es, als sei die Zeit stehen geblieben.

Wenn ich mich
aus den Verworrenheiten des Lebens
von den unwesentlichen Dingen befreie,
lässt mich die Leere erkennen,
dass das Wesentliche in mir liegt.
Es ist alles vorhanden,
und alles ist gut,
weil es mich gibt.

Lea existiert

Birgit Lotz

Triff LEA und lasse dich von ihr einladen auf eine wundervolle Reise, auf liebevolle, erstaunliche und atemberaubende Erkenntnisse und Begegnungen.

LEA hat Lust, dich kennen zu lernen. LEA erwartet dich. LEA wagt mit dir einen Aufbruch. Lass dich ein auf LEA und ihr Geheimnis!

LEA ist.
LEA ist Lachen, Einfallsreichtum, Aufmerksamkeit.
LEA steht für Liebe, Empfangen, Atmen.
LEA heisst Leben, Empfinden, Auf den Weg machen.
LEA existiert.

Edition Philosophischer Geist
60 Seiten • Kartoniert • ISBN 978-3-940930-29-3

Nachricht für George

Susanne Bayer-Rinkes

George Hudson, ein Mittsechziger, erfährt, dass er nur noch wenige Wochen zu leben hat. Als er auf einen unbekannten Mann trifft, der ihm ein sonderbares Buch über das Leben nach dem Leben schenkt, kann George damit zunächst wenig anfangen, glaubt er doch weder an die Existenz Gottes noch an ein Leben danach und schon gar nicht an Engel.

Doch dieser ihm bis dahin völlig fremde Michael fasziniert George auf seltsame Weise, und auch das Buch ist geheimnisvoller als zunächst angenommen.Tauchen Sie ein in eine faszinierende Welt voller Liebe und Zärtlichkeit, Trauer und Tod, Glaube und Hoffnung, und erleben Sie zusammen mit George eine wundersame und geheimnisvolle Begegnung, die nicht ganz alltäglich ist. Oder doch?

176 Seiten • Kartoniert • ISBN 978-3-940930-21-7

100 Fragen an das Universum

Rosemarie Gehring und Stefan Sicurella

„Was würdest du gerne wissen, wenn du einem Engel oder Gott eine Frage stellen könntest?“

Diese Frage haben die beiden Autoren ihren Freunden und Kindern, Familien und Bekannten gestellt. Es wurden mehr als hundert Fragen aus allen Bereichen des Lebens und Erlebens zusammengetragen. Persönliche Fragen zu Lebenssituationen wurden genauso liebevoll berücksichtigt und beantwortet, wie allgemeine Fragen zu Gesundheit, Politik, Klima und Weltlage. Die Fragen spiegeln die Themen der Zeit wider und die liebevollen Antworten haben, bei aller Individualität, eine zeitlose Gültigkeit.

Auch gerade bei den persönlichen Fragen, kann der Leser Ähnlichkeiten und Resonanzen zu seinen eigenen aktuellen Lebensthemen, Beziehungsthemen oder Konflikten erkennen und für sich Rat, Hilfe und Heilung finden. Er kann die Fragen der Anderen auch zum Anlass nehmen, über die eigenen Themen nachzudenken und sich oder seinen Mitmenschen - oder einer höheren Instanz - Fragen zu stellen und so die persönliche Entwicklung und Reife voran zu treiben.

Aufgestiegene Meister, wie zum Beispiel Mutter Maria und Meister Hilarion, Erzengel, wie Raphael und Michael und viele andere Wesenheiten möchten uns helfen, unseren Lebensweg mit mehr Freude, Klarheit und Liebe zu gehen. Was du schon immer von Gott wissen wolltest, hier findest du liebevolle, lebensnahe Antworten.

Kartoniert • 154 Seiten • 12 farbige Abbildungen
ISBN 978-3-940930-22-4

Wunder des Lebens

Berührende und inspirierende Texte zu Schwangerschaft und Geburt

Heidrun Otting Woll

In einer Zeit, da sich Schwangerschaft und Geburt zunehmend kompliziert gestalten und die werdenden und gewordenen Eltern mit Ängsten und Unsicherheiten zu fen haben, tritt die einfache Begegnung zwischen Neugeborenem und Eltern anscheinend immer mehr in den Hintergrund.
Die „einfache" Begegnung meint: Einfach aus dem Gefühl heraus, das Richtige zu tun, wenn man sich dem Kind zuwendet, es berührt, ihm vorsummt oder sich mit ihm bewegt.
Dieses Buch mit seinen poetischen Texten möchte zu solchen Begegnungen beitragen, in dem es einlädt, sich dem Wunder des Lebens wieder auf dieser unmittelbaren und direkten Ebene zuzuwenden.

42 Seiten • Gebundene Ausgabe • 17 farbige Abbildungen

ISBN 978-3-940930-18-7

12-Strahlen Meditationen

Mit den aufgestiegenen Meisterinnen und Meistern

Rosemarie Gehring

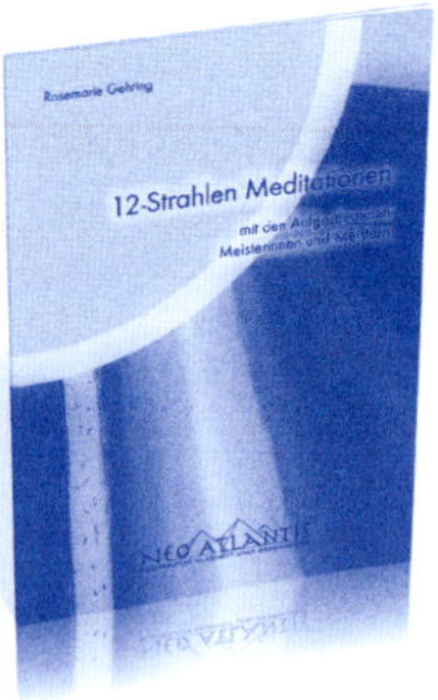

Dieses Buch enthält zwölf Meditationen der Aufgestiegenen Meister, um die Qualitäten und Aspekte des jeweiligen Farbstrahls in unseren Energiekörpern zu verankern. Die Meditationen sind einfach zu visualisieren und eignen sich gleichermaßen zum Vorlesen als Partnerübung oder zum Nachspüren nach dem selber Lesen. Einführende Atemübungen helfen, die Energien der Strahlenmeditationen, auch für Ungeübte, in den Körpern zu aktivieren und nach kurzer Zeit fühlt man sich frisch und energetisch neu aufgeladen.

64 Seiten • Kartoniert • ISBN 978-3-940930-00-2

Himmlische Kurznachrichten
Botschaften aus der geistigen Welt

Irene Schumacher

In diesem Buch findest du ausgewählte Texte von Irene Schumacher, die sie in den letzten Jahren aus der geistigen Ebene empfangen hat. Die Texte vermitteln einen wunderbaren Gesamteindruck der aktuellen und zukünftigen Geschehnisse auf der Erde. Themen, die für jeden von uns wichtig sind, klar und eindeutig formulierte Botschaften, helfen, eine neue Bewusstseinsebene einzunehmen und viele Dinge in einem neuen Licht zu sehen. Sie lehren uns auch, wie wichtig es ist, in unseren Gedanken positiv zu bleiben. Der Verlag und Irene Schumacher wünschen dem Leser viel Freude, Leichtigkeit im Denken und strahlendes Licht in seiner Seele.

44 Seiten • Kartoniert • ISBN 978-3-940930-32-3

Himmlische Kraftkarten
Wunderbare Botschaften und Antworten aus der geistigen Ebene des Universums

Irene Schumacher

Die Himmlischen Kraftkarten sind liebevolle, klare und wunderbare Botschaften und Antworten aus der geistigen Ebene des Universums.

Auf die alltäglichen Fragen und Zweifel geben sie in jeder Situation klare Antworten und Entscheidungshilfen.

Ein umfangreiches Begleitheft zeigt dir verschiedene Möglichkeiten in der Anwendung der Karten auf und gibt weitere praktische Tipps und Lebenshilfen.

Kartenset mit 47 Karten und Begleitheft • ISBN 978-3-940930-23-1

Weg der Freude

Bewusstseins- und Körperübungen für einen erfüllten Alltag

Heidrun Otting Woll

Weg der Freude ist eine Einladung an Dich. Dieses Buch bietet dir Begleitung und Unterstützung, um deine Lebensfreude wieder oder neu zu entdecken. Es leistet Hilfestellung, deinen persönlichen Weg der Freude wieder zu finden, um deinen Lebensweg auch in dunklen, stürmischen und verwirrenden Zeiten und Lebenssituationen bewusst und in Freude gehen zu können.

176 Seiten • broschiert • ISBN 978-3-940930-17-0

Klang der Stille

Ein Weg in den meditativen Innenraum

Heidrun Otting Woll

In den poetischen Texten aus der Zusammenarbeit der psychologischen Beraterin Heidrun Otting Woll und des aufgestiegenen Meisters Serapis Bey kann jeder Mensch sich selbst wiedererkennen und in Liebe akzeptieren. Er erkennt und hinterfragt durch die berührenden, nachvollziehbaren Gedanken und Schilderungen seinen persönlichen Standpunkt in seinem Streben nach Klarheit, spirituellem Wachstum und Lebensfreude.

128 Seiten • Kartoniert • ISBN 978-3-940930-01-9